中国特岗教师
蓝皮书

郑新蓉 杜 亮 魏曼华 等 著

BLUE BOOK OF SPECIAL-POST TEACHER IN CHINA

教育科学出版社
·北京·

《中国特岗教师蓝皮书》编写组成员

郑新蓉　杜　亮　魏曼华　苏尚锋　王国明

易　进　杜　屏　王学男　程　猛　阿呷热哈莫

董永贵　周　序　罗　悦　罗曼琪

本书得到了北京师范大学985工程"世界一流教育学科与
中国教育创新基地"项目经费资助，特此感谢！

加快农村教育发展，迫切需要培养造就一支下得去、留得住、教得好的优秀农村教师队伍。教育部、财政部、人力资源和社会保障部、中央机构编制委员会办公室联合实施的"农村义务教育阶段学校教师特设岗位计划"（简称"特岗计划"），是加强农村教师队伍建设、推进义务教育均衡发展的一项重大举措。"特岗计划"实施6年来，中央财政累计投入106.5亿元，共招聘23.5万余名特岗教师，覆盖中西部地区1000多个县、2.7万所农村学校。服务期满特岗教师的留任比例连续两年达到87%。通过中央"特岗计划"的示范引导作用，河南等13个省积极推进地方"特岗计划"，共招聘录用6万多名地方特岗教师补充到农村学校。

"特岗计划"有力地改善了农村教师的整体配置状况，优化了农村教师的年龄结构、学历结构和学科结构等，为建立起公开、平等、竞争、择优的农村教师补充机制起到了很大的推动作用。主要成效体现在：一是补充了大批高素质农村教师，促进了义务教育均衡发展和教育公平；二是提高了农村教师队伍整体素质，增强了农村学校的生机和活力；三是创新了教师补充机制，提高了教师聘用质量；四是拓宽了就业渠道，吸引了大批高校毕业生在基层建功立业。"特岗计划"充分体现了中央对农村教师队伍建设的关心和支持，是一项具有治本意义的创新举措，受到社会各界的广泛关注和一致好评。

2011年5月，在联合国儿童基金会的支持下，教育部师范教育司委托北京师范大学郑新蓉教授带领的"农村义务教育阶段学校教师特设岗位计划"课题组，开展了"特岗计划"实施情况专项调研。调研组对云南等11个省共24个县（区）进行了实地调研，并在10个省共51个县开展了问卷调查。调查显示，特岗教师的总体质量较高，教学效果较好。2012年7月，课题组以教育部等四部委及各省提供的政策文本和数据为依据，以2011年《教育部师范司—联合国儿童基金会"农村义务教育阶段学校教师特设岗位计划"政策调研报告》为基础，吸纳了2012年教育部教师工作司征集的"我的特岗故事"征文的素材，编写了《中国特岗教师蓝皮书》。该书第一次全面评述"特岗计划"的政策设计与创新、实施过程与成效、存在的挑战与发展前景，对"特岗计划"政策的解读、宣传和进一步研究具有参考借鉴价值。

教育部教师工作司司长 许涛

2012年7月11日

教师的作用怎么强调也不过分。教师在塑造儿童的未来人生、在促进变革以及各个国家经济、社会和可持续发展方面都发挥着无可替代的作用。正是基于这样的共识，联合国儿童基金会与教育部的项目合作已经走过了30多年的历程，而始于1982年开始的农村教师能力建设项目，至今仍然是我们双方合作的一个重要领域。

特别值得欣慰的是，伴随中国基础教育改革与发展的步伐，联合国儿童基金会与中国教育部门开展的合作是与时俱进的，特别表现在农村教师能力建设方面，从支持大规模的农村在职教师培训，到支持农村教师培训者能力的提高，再到如今从政策研究的角度探讨如何为地处偏远的农村中小学输送高质量的教师。

2011年伊始，联合国儿童基金会支持以北京师范大学郑新蓉教授为首的专业团队，对由教育部、财政部、人力资源和社会保障部、中央编制委员会办公室于2006年联合启动的"农村义务教育阶段学校教师特设岗位计划"（简称"特岗计划"）进行政策效果评估。研究的结果不仅证实这项政策运行良好，6年来通过这项"特岗计划"的招聘与考核，已有23.5万余名大学毕业生走向了教师岗位，他们成为分布在22个中西部省区的1 000多个县的2万多所农村学校中的新生教学力量。而且，研究还展示了这些富有理想和使命感的年轻教师，他们希望用自己的学识和信念，帮助和影响那些深居边远地区的农村儿童，使他们拥有改变个人、家庭和社区社会生活状况的知识和力量。

致力于儿童的生存、保护和发展是联合国儿童基金会一贯的宗旨和使命。关注最弱势群体的机会、权利和发展是当前和今后一段时间内联合国儿童基金会的工作重点。教育公平至关重要，这不仅反映在儿童的入学机会上，还应该反映在教育教学过程的各个环节上以及儿童的学习质量上。每一个孩子都需要富有爱心的、保证教学质量的好老师，农村孩子的需求同样需要得到满足。从这个角度说，本书的出版具有重要的社会意义。因为通过这项计划，我们已经看到了为偏远的农村中小学输送高质量教师的可行之路。其结果，不仅将是中国在致力于教育公平方面的创新和成就，而且也为其他发展中国家在解决农村教育质量问题上提供了思路和借鉴。

祝贺《中国特岗教师蓝皮书》的出版，也祝愿联合国儿童基金会与教育部和专业团队的合作能够继续为中国的教育和儿童作出贡献。

联合国儿童基金会驻华代表　麦吉莲　*Gillian mellsol*

2012年7月　北京

为农村学校补充高素质的教师是提高农村教育质量的关键。由教育部、财政部、人力资源和社会保障部、中央机构编制委员会办公室于2006年联合启动实施的"农村义务教育阶段学校教师特设岗位计划"（简称"特岗计划"），吸收了大批高校毕业生到中西部农村地区任教，对解决农村地区师资紧缺与结构性失衡问题发挥了积极的作用。根据教育部的统计，到2011年已先后招聘特岗教师20多万人，分布在全国22个省、市、自治区。其中，三年服务期满后连续两年留任的教师比率约为87%。

特岗教师是中国教育百年现代化历程中最特别的"乡村教师"，他们是在中国快速转型、高速崛起过程中成长起来的新一代青年。特岗教师学历较高、知识结构合理、年轻有活力，是一群有着现代文明意识和丰富知识的新型教师。他们中多数来自农村，经过现代教育的洗礼，带着现代城市气息，带着数字文化，带着青春梦想，更带着理想分赴到全国中西部最为边远、最为基层、最为艰苦的农村学校。这一群年轻的教师是农村教育改革潜在的生力军，其专业精神和教学业绩已受到广大学生、家长、地方教育部门及学校所在社区的普遍欢迎。他们的到来将为农村教育改革乃至乡村建设带来深刻的变化。

"特岗计划"政策之所以取得可喜的成绩，与国家四部委等多方面的共同协作分不开，与中央和地方之间的良性互动分不开，与这项政策设计的内在合理性和科学性分不开。这项政策的成功经验很值得教育科研工作者开展深入的研究和系统的总结。

北京师范大学是未来教师的摇篮，也是教师终身学习的加油站，还是关注和研究教师专业发展的基地。教育是北京师范大学的重中之重，教师教育又是教育的重中之重。在未来若干年里，我校将把教师教育领域的科学研究、人才培养、社会服务、文化传承创新与国家提升教师教育质量的重大需求结合起来，当好服务国家教育发展重大工作的排头兵。近年来，我校教育学部的郑新蓉教授带领她的团队围绕"特岗计划"做了大量卓有成效的调查研究、人才培养和宣传服务工作。《中国特岗教师蓝皮书》的出版将成为教育界乃至全社会了解"特岗计划"、走进特岗教师、关注农村教师补充机制的一个重要窗口。北京师范大学将以现有的研究为基础，继续加大支持，将"特岗计划"作为专门的课题展开深入研究，为进一步探索我国农村教师队伍建设的有效途径和长效机制作出更大的贡献。

北京师范大学校长 董　奇

2012年7月16日

摘要

进入21世纪，提升全民素质，大力扶持西部农村教育一直是我国教育工作的指导思想和方针。"农村义务教育阶段学校教师特设岗位计划"（简称"特岗计划"）旨在有效地为我国农村贫困地区补充大量学科结构合理、高学历的年轻教师，促进城乡教育均衡。

从2006年开始，教育部、财政部、人力资源和社会保障部、中央机构编制委员会办公室四部门联合启动实施"特岗计划"，由中央财政支持，成为我国中西部22个省份农村中小学教师补充的主要方式之一。

和相关政策相比，"特岗计划"是规模最大、见效较快、影响人群最多的一项政策。2006—2011年6年来，共计招聘中央特岗教师23.5万余名，分布到全国1 000多个县的2.7万所农村学校。到2011年9月，3年服务期满特岗教师留任的比例平均为87%。中央财政累计投入106.5亿元，特岗教师中央财政年工资性支出补助标准由2006年的1.5万元提升到2009的2.054万元，2012年中、西部省份将分别提升至2.4万元和2.7万元。"特岗计划"缓解了过去10年来由于财政、编制、师资培养等社会和教育的变革导致的农村师资在结构、质量、数量以及招聘机制等方面的问题，弥补了农村教师招聘上的不足，应当成为稳定、持续、成熟的机制，为农村教师队伍的数量、质量和结构性需求提供长期保障。

2012年，"特岗计划"政策实施范围有所扩大，招聘人数和财政支持力度都有所提高，相关配套政策上也有所调整。

抽样调查表明，80%多的特岗教师出身于农村，父母文化程度较低，家庭经济条件较差。近84%的特岗教师为师范类毕业生。女性特岗教师所占比例很大。热爱教师职业、改变农村教育面貌是他们选择做特岗教师的主要原因，90%的特岗教师都在义务教育阶段学校任教，其中初中阶段特岗教师所占比例较高，任教学科以语文、数学和英语为主，其次是体育、音乐和美术。特岗教师工作热情高，教学效果好，与学生、农村社区建立了融洽的关系，受到了农村学校、学生、家长等各方的广泛好评。

特岗教师的适应性和工作满意度与其家庭支持程度、岗前培训效果、教龄、对任期满后转入正式编制的前景期望呈显著正相关。调研结果显示，超过80%的特岗教师家庭都比较支持自己的孩子报考特岗教师；在培训方面，73%的特岗教师认为岗前培训是有效的，但入职后的培训有待加强。

多数特岗教师认为该政策的最大受益者是农村学校的学生及其家长，最显著成效是提升了农村师资队伍的数量和质量以及缓解了大学生就业压力。而多数地方行政管理部门则认为最大受益者是特岗教师，最显著成效之一是探索了农村地区教师补充的新机制。

　　特岗教师招考有省级笔试省级面试、省级笔试市级面试、省级笔试县级面试等多种模式。河南省按1∶1配套实施中央和地方"特岗计划"，贵州省实施了四级"特岗计划"并曾把代课教师也纳入招聘对象，重庆市也通过实施地方"特岗计划"补充农村学校紧缺的音乐、体育、美术教师，山西省从2010年开始实行特岗教师服务1年即可入编的管理方式，这些做法丰富了"特岗计划"的招考方式和特岗教师的来源。"特岗计划"及时为农村学校补充了大批合格师资；探索出了"国家标准、省级招考、县级聘用、学校任用"以及在编制上"先进后出"的新机制，公开招聘教师的模式，增强了选人用人的公正性和透明性，扩大了高校毕业生的就业机会，尤其是为大量出身于社会中低阶层的大学毕业生提供了公平竞争的就业机会。

　　在全国范围、全省范围、跨师范院校招聘教师，使得义务教育阶段的教师队伍具有跨地域、多元文化、多学科的特点，这种开放性，对中西部贫困地区的义务教育有多方面的益处。

　　"特岗计划"政策面临的挑战主要有：到边远艰苦地区、小学、村小教书的教师比例依然偏小；贫困地区财力后续支撑困难，特岗教师总量不足；培训的针对性和持续性需要加强；在服务期满入编方面，有部分特岗教师对能否入编心存忧虑。

　　鉴于此，本研究提出以下政策建议：突出政策目标指向，充分发挥"特岗计划"的政策效应和创新效应；提高特岗教师工资水平，并落实各项待遇；进一步加强省级统筹；通过各种渠道加强对特岗教师敬业和奉献精神的宣传，让更多的人了解特岗教师，激励更多的优秀大学毕业生选择做特岗教师；通过实施10年或更长时间的"特岗计划"，建立起公开、公平、志愿、择优的农村教师补充机制。

　　总的来说，特岗教师，作为新一代的乡村教师，不但具有奉献、开放、坚守的品质，而且具备良好的现代科学文化素养，是我国边远贫困地区教育发展的生力军。"特岗计划"兼顾社会需求和教育需求，是一项公开、公平、透明度很高且瞄准性很强的教育政策，得到了各方利益相关者的认可，很好地达成了预期目标，产生了良好的社会效果。

Abstract

In the past decades, with rapid development in economy and society, education in China has been in great transformation. The traditional ways of recruiting teachers for rural schools are quite inadequate to keep up with such transformation. It was in urgent need to find a way to attract graduates with professional proficiency to teach at rural schools, so that education in rural and urban areas could be balanced.

In 2006, Ministry of Education, Ministry of Finance, Ministry of Human Resources and Social Security, and the State Commission Office for Public Sector Reform of People's Republic of China enacted a joint program Special Post Plan, SPP, in which the central government finance new teaching positions at compulsory education schools in remote and poor rural areas, and the applicants for the position must have got higher education.

Since then, this program has become one of the major channels to recruit primary and secondary school teachers in the rural areas of twenty-two provinces in central and western China. By 2011, in total about 235 thousand special post teachers have come into service, scattering at about 27 thousand schools in about one thousand counties. By September 2011, about 87 percent of the special post teachers who have met the three-year service term continue teaching at the rural schools. To date the total investment in the program by the central government has reached 10.65 billion RMB. The subsidy to each special post teacher was increased from 15 000 RMB per year in 2006 to 20 540 RMB in 2009, and will be further raised to 24 000 RMB and 27 000 RMB for teachers serving in the central and western part of the country respectively. The proposed number of special post teachers and the villages covered keeps increasing in 2012.

Blue Book of Special Post Teachers in China is based on a comprehensive survey jointly sponsored by Ministry of Education of China and UNICEF, and the relevant statistic data and policy documents provided by the central and provincial governments. The book thoroughly reviews the contents, characteristics, merits, challenges, and prospects of the program.

The survey shows, over 80 percent of the special post teachers come from rural families with low socioeconomic and educational backgrounds. About 84 percent of the special post teachers graduated from teacher training colleges and universities, and the majority are female. Loving teaching is the primary reason for them to choose to serve in the program, and over 90 percent of them serve in compulsory education schools. The mostly taught subjects by the teachers are Chinese, math, and English, followed by PE, music, and art. The special post teachers are generally enthusiastic and good at teaching, and mostly established good relationships with students and local communities. Most of them are positively received by students, parents, and schools.

The factors influencing the extent to which special post teachers adapt to their positions include family support, pre-service training, years of service, and prospect of turning to be regular teacher after meeting the service term. It also shows while almost all special post teachers have received some forms of pre-service training, many of them feel lack access to follow-up on-service trainings.

Most special post teachers agree that rural students and parents benefit the most from the program, and the most significant achievements of the program are the increased number and improved quality of teachers in rural areas, as well as alleviation of the pressure of having college and university graduates get jobs. The majority of local educational policy makers and administrators, however, observe that it is the special post teachers that benefit the most from the program, and the most important achievement of the program is establishment of a new mechanism for recruiting teachers for rural schools.

The recruitment processes of special post teachers vary among provinces. While almost all written entrance exams are held at provincial level, the face-to-face interviews were conducted at either provincial or county level. Most local governments upheld the program and carry out it with initiative and creativity, and some of them enacted provincial Special Post Plans. A new teacher recruitment model that features "national standards; provincial exam; county contract; school administration" has come into being. The new model is characterized by its openness and fairness, providing an equal opportunity for excellent graduate with any social backgrounds to find a teaching job.

During the past six years, the special post teacher program, a large number of qualified energetic young man and woman become new teachers in rural areas. What they have brought to the villages is not only enhancement in education and positive changes in pupils' lives, but also enrichment of the culture in rural communities.

The book makes the following recommendations in regard to the future prospect of the program: there is a need to further clarify the goals of the policy and to take full advantage of the program; it is necessary to continuously improve and ensure the payment and benefits for the special post teachers; there should be a long-term plan based on the current one to fully establish an open and equal system to recruit voluntary and qualified teachers in rural areas.

To sum up, most of the special post teachers are qualified and diligent. They are and should keep playing significant roles in rural education. The Special Post Plan is an open, equal, and highly successful educational policy that is positively received by various stakeholders. The program to a large extent has met the expectations of the policy makers and achieved its prescribed educational and social goals.

目录

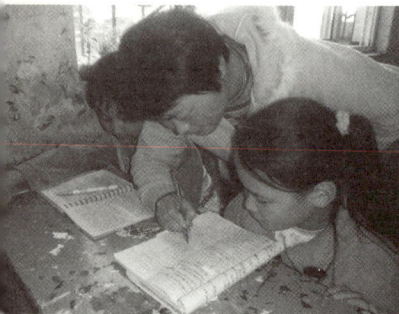

1. 什么是"特岗计划"和特岗教师...1

"特岗计划"的政策背景...3

什么是特岗教师...7

政策目的与特点...9

政策变化与调整...13

2. 谁做特岗教师...15

特岗教师的个人及家庭特征...17

特岗教师的学历、学科及学业表现...20

一群热爱教师职业的人...22

3. 新机制：特岗教师的招聘方式...29

"特岗计划"的实施过程与机制...31

"特岗计划"的设计与实施特点...40

比较：传统模式与"特岗计划"...47

4. 特岗教师的工作与生活...51

特岗教师来了...53

教学观念、教学成绩...55

班主任的责任与担当...63

家访，村落中的特岗教师...65

学生眼中的特岗教师...67

生活起居、个人发展...69

压力与挑战...71

5. 谁是"特岗计划"的受益者...75

政策视野下的"特岗计划"...77

特岗教师眼中的"特岗计划"...80

教育部门、学校眼中的"特岗计划"...82

"特岗计划"：各方的利益相关者...86

6.特岗教师的深度关注...89

政策创新：从地方到全国...91

中央政策，地方创新...93

特岗教师的语言与文化适应...97

关注女性特岗教师...100

特岗教师的留任与离职...103

跨文化的喜与忧...109

特岗教师需求数量的预测...112

7. 挑战、建议及前景...119

"特岗计划"政策的挑战...121

"特岗计划"的政策建议...124

"特岗计划"政策的前景展望...127

附录...135

中央"特岗计划"政策文件...137

地方"特岗计划"政策文件...149

中央"特岗计划"实施县市、单位名单(2010)...158

中英文对照表...162

主要参考资料...164

后记...165

图表目录

图 1　大学生补充农村教师队伍：从定向分配到自主择业 ……………… 5

图 2　到2011年22个省（区）特岗教师数量 ……………………………… 7

图 3　"特岗计划"的实施特点 ……………………………………………… 9

图 4　"特岗计划"实施县类别分布率 …………………………………… 12

图 5　2006—2011年中央"特岗计划"投资情况表 ……………………… 14

图 6　特岗教师年龄段分布 ……………………………………………… 18

图 7　特岗教师性别比例 ………………………………………………… 18

图 8　特岗教师婚姻情况 ………………………………………………… 18

图 9　特岗教师原户籍分布 ……………………………………………… 18

图10　特岗教师民族分布 ………………………………………………… 18

图11　特岗教师家庭年收入情况表 ……………………………………… 19

图12　特岗教师招聘时间、程序图（以河南省2009年招考过程为例）…… 39

图13　特岗教师第一时间了解"特岗计划"的主要途径分布 …………… 41

图14　特岗教师认为最有效的了解"特岗计划"的途径分布 …………… 41

图15　特岗教师对"特岗招考过程是公平的"回答选项百分比 ………… 42

图16　县级负责人对"特岗招考过程是公平的"回答选项百分比 ……… 42

图17　学校第一次有了自己的健美操队 ………………………………… 61

图18　特岗教师时宏在给学生讲课 ……………………………………… 61

图19　学生写给老师的信件、学生给老师画的像 ……………………… 68

图20　特岗教师的住房情况 ……………………………………………… 69

图21　2006—2010年贵州省威宁县特岗教师工资性财政支出在县总财政收入中所占比例… 85

图22　各省特岗教师留任率比较 ………………………………………… 103

图23　L县中小学教职工自然减员趋势预测 …………………………… 116

图24　"特岗计划"的职位特质与政策的核心内涵关系图 ……………… 127

图25　"特岗计划"政策发展走向的选项分析 …………………………… 129

图26　特岗教师的角色定位与身份认同分析 …………………………… 132

表 1 特岗教师基本情况统计表 17

表 2 特岗教师学历、就读大学类型及大学期间学习情况表 20

表 3 河北某乡镇中学特岗教师毕业院校与所学专业表 21

表 4 特岗教师的报考原因 22

表 5 特岗教师家庭支持情况 24

表 6 "特岗计划"地方执行过程的变化与创新 32

表 7 河南省2009—2010年特岗教师城乡分配比例 43

表 8 特岗教师的每周课时数 54

表 9 特岗教师的教学观 56

表10 特岗教师的教学行为 57

表11 特岗教师教学效果评分表 62

表12 特岗教师工作生活满意度 70

表13 特岗教师最希望改善的方面 71

表14 特岗教师适应性与工作满意度T检验 81

表15 县级教育行政部门负责人认为目前已招聘的特岗教师的最大优势 83

表16 县级教育行政部门负责人的最大担忧 84

表17 "特岗计划"的主要受益群体（特岗教师问卷结果） 87

表18 2011年L县小学各科教师数量余缺情况（按生师比计算） 113

表19 2011年L县小学各科教师数量余缺情况（按班师比1：1.8测算） 114

表20 2011年L县初中各科教师数量余缺情况（按生师比计算） 114

表21 2011年L县初中各科教师数量余缺情况（按班师比1：1.8测算） 114

表22 L县各类学校在校学生数及预测变化情况 115

表23 2012—2015年L县中小学专任教师供给与需求预测（按生师比测算） 117

表24 2011—2015年L县中小学专任教师供给与需求预测（按班师比测算） 117

实施农村义务教育阶段学校教师特设岗位计划，吸引高校毕业生到农村从教；加强农村中小学薄弱学科教师队伍建设，重点培养和补充一批边远贫困地区和革命老区急需的紧缺教师。

——《国家中长期教育改革和发展规划纲要（2010—2020年）》

引导和鼓励更多的高校毕业生到西部、到基层、到祖国最需要的地方去，磨炼意志，增长才干，为实现全面建设小康社会的宏伟目标贡献自己的智慧和力量。

—— 胡锦涛

1. 什么是"特岗计划"和特岗教师

- "特岗计划"的政策背景
- 什么是特岗教师
- 政策目的与特点
- 政策变化与调整

"特岗计划"的政策背景

提高农村教育质量任务紧迫

2005年，中国共产党十六届五中全会提出了"切实提高师资特别是农村师资水平"的重要任务。中共中央总书记胡锦涛指出："要引导和鼓励更多的高校毕业生到西部、到基层、到祖国最需要的地方去。"2006年修订的《中华人民共和国义务教育法》规定，"国务院和县级以上地方政府应当合理配置教育资源，促进义务教育均衡发展"；同年，《中共中央国务院关于推进社会主义新农村建设的若干意见》提出，"加强农村教师队伍建设，加大城镇教师支援农村教育的力度，促进城乡义务教育均衡发展"。

在此前后，国家推出了一系列补充农村教师的新举措，如"大学生志愿服务西部计划"（2003—　）、城乡教师交流制度（2003—　）、"农村学校教育硕士师资培养计划"（2004—　）、"三支一扶计划"（2006—　）、免费教育师范生（2007—　）等。2006年推出的"特岗计划"是一系列举措中规模最大、见效较快、影响人群最多的一项政策。

国务院总理温家宝2011年8月28日在河北省张北县农村教师大会上指出"教师是学校和乡村的灵魂"，提出要完善"特岗计划"，采取多种措施为农村学校补充大批高校毕业生。2010年颁布的《国家中长期教育改革和发展规划纲要（2010—2020年）》也将"特岗计划"列为"重大项目和改革试点"。

农村教师紧缺亟待解决

目前，农村教师职位对高校毕业生缺乏吸引力，优秀人才难以流向农村学校，农村教师队伍补充渠道不畅通。改革开放以来，农村公办教师补充完成了从国家按需分配到按人力资源市场配置自主择业的转变。相应的，在补充方式上经历了主要以分配为主到主要依赖招聘大学毕业生任教的过程。

统招统分中等师范毕业生曾是农村教师补充的重要方式。从1980年到1999年，中等师范学校共培养了740万名毕业生，为农村学校补充了相当数量的合格教师。[1]中等师

[1] 金长泽，等.师范教育史[M].海口：海南出版社，2002：265.

中西部农村地区教师数量不足问题突出，部分学科教师短缺，外语、音乐、体育、美术和信息技术等学科教师严重不足，相关课程难以开齐。2006年，全国有508个县每县平均5所小学不足1名外语教师；西部山区农村小学平均10所才有1名音乐教师；中西部贫困地区、少数民族地区农村初中音乐、美术、信息技术三门学科教师平均每校不足1人，致使部分学校无法正常开设规定课程。所学专业与所教课程不对口的现象亦较为突出，农村地区教师学非所教超过40%。2007年，全国中小学仍有代课人员37.9万人，其中，小学代课人员27.2万人，87.8%以上分布在农村地区。

据西部9个省（自治区）的学校数据统计，2006年，3万多所村小的班师比平均仅为1：1.3，4万多个教学点的班师比平均仅为1：1，均远低于全国小学1：1.9的平均配置水平。这些地区学校的教师数量严重不足，进不去、留不住问题突出。对边远艰苦地区学校的抽样调查表明，38.7%的校长反映近3年中有教师流失情况。

来源：《国家教育督导报告2008——关注义务教育教师》

范主要招收成绩优异的初中生为培养对象，免费培养和毕业包分配的政策，在当时的条件下，在数量、质量上基本都保障了农村教师队伍的建设需求。

从20世纪90年代开始，随着义务教育规模的扩大和社会变革的深入，我国的师范教育体系和教师招聘方式相继发生了一系列的重大变革。1994年，高校实行并轨招生，全部大学生都要缴纳一定数量的学费，且所有毕业生都变为自主择业。1996年，人事部①出台了《国家不包分配大专以上毕业生择业暂行办法》，不同地区的师范院校毕业生在之后的几年内陆续不再包分配，而是自主择业。农村公办教师招聘必须经过当地人事部门或教育部门组织的考试，简称"逢进必考"。1999年，教育部下发了《关于师范院校布局结构调整的几点意见》，推动师范教育由三级师范向二级师范过渡，并通过实施教师资格制度实现教师队伍补充与人才市场接轨。

这样，原有的毕业生分配方式被取消，农村教师包分配开始变为以招聘本、专科院校的毕业生为主。边远贫困地区的农村学校对重点、名牌高校的毕业生缺乏吸引力，只能以招聘地方院校的毕业生为主。在生源质量上，原来的中师学生多是优秀的中学生，而升格后的大专毕业生则是高考中的低分段学生，且很多地方的大专院校逐渐走上了综合化的道路，并未将发展重心放在师范教育质量的提高上，因此教师教育的质量并没有得到相应的提高。②

① 人事部全称是中华人民共和国人事部，2008年人事部与劳动和社会保障部合并，称为中华人民共和国人力资源和社会保障部，简称人社部。本文中关于该部门的用语有两种，2008年以前的文本部分称为人事部，2008年以后的称为人社部。另外，文中出现的"人事部门"指2008年以前的各级政府的人事部（厅、局）和2008年以后各级政府人社部主管人事的部门。
② 顾明远.我国教师教育改革的反思[J].教师教育研究，2006(6)：3－6.

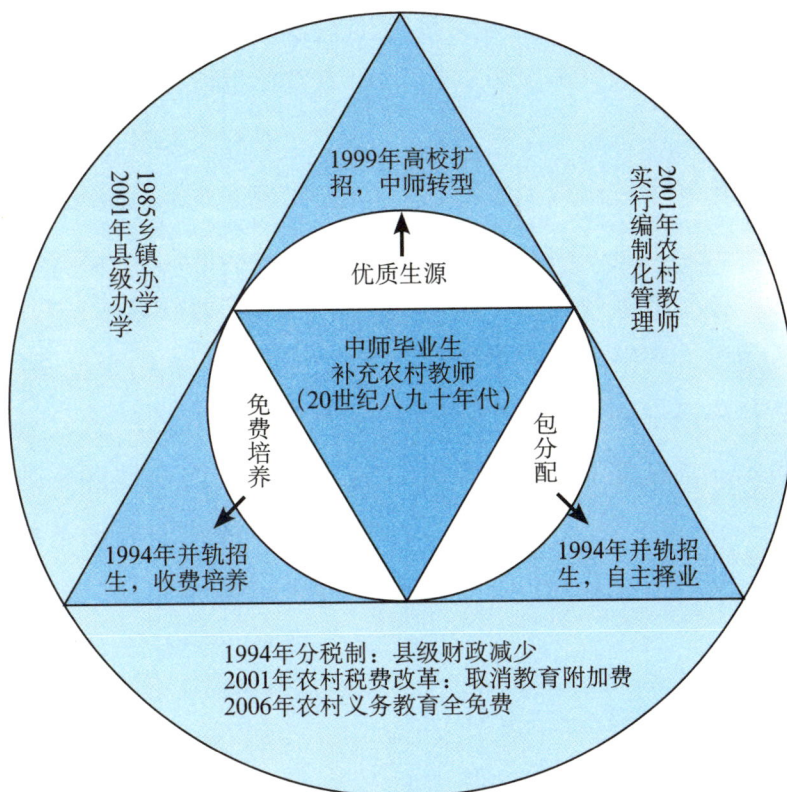

图1 大学生补充农村教师队伍：从定向分配到自主择业

1999年《中共中央国务院关于深化教育改革全面推进素质教育的决定》提出"鼓励综合性高等学校和非师范类高等学校参与中小学教师培养"，2001年《国务院关于基础教育改革与发展的决定》又提出：完善以现有师范院校为主体、其他高等学校共同参与的开放的教师教育体系。这样，教师队伍的来源更加多样化，但开放、多元的教师教育体系并没有解决边远农村地区无力吸引优秀人才从教的矛盾。

在办学、管理体制上，从1985年开始，义务教育管理体制实行"地方负责，分级管理"。1994年开始的"分税制"改革已使一些县级政府面临财政困难。2001年的农村税费改

革已取消了教育附加费，乡镇办学面临经费短缺的严重问题，农村教师招聘数量和质量也受到影响。2001年开始义务教育管理体制转变为"以县为主"，农村义务教育办学经费从主要由农民负担转变到主要由政府负担。

在教师的管理上，从20世纪90年代开始逐步实行教师编制化管理。1993年中共中央、国务院颁布《中国教育改革和发展纲要》，要求教育系统制定合理的学校人员编制标准，严格考核，精简机构和人员，提高办学效益。2001年《国务院办公厅转发中央编办、教育部、财政部关于制定中小学教职工编制标准意见的通知》发布，要求中小学教职工编制根据高中、初中、小学等不同教育层次和城市、县镇、农

村等不同地域，按照学生数的一定比例核定和配置教师。编制化的管理制度不能照顾到农村学校分散的特点，教师编制分配数对农村不适切，很多农村地区学校出现了教师总数超编但结构性缺编等问题。

综合来看，农村办学体制与教师招聘正逐步被全面、深入地纳入到国家民族素质和综合国力提升的政治格局中来。农村教师队伍结构性紧缺、教师质量良莠不齐、发展不

> 过去，农村县里是被动接受上面分配来的教师，县里的权力主要是分配教学地点。以前的习惯是公办教师由师范院校培养然后分配到县里，而现在是贫困县里要到人才市场上去招聘教师，但无论从资讯、财力和市场经验上看，各贫困县都不具备去大城市、去高校自主招聘各类教师的能力，各个招聘环节都需要较长时间的摸索。
>
> ——访谈北京师范大学郑新蓉教授
> 来源：《世界教育信息》2012年第3期

均衡的事实表明，完全依赖人力资本市场自由调配、大学生就业偏好来补充农村教师队伍已不能满足现实需要。中央政府和省级政府应该发挥更大的宏观调配作用，保证数量充足的合格师资流向农村教师岗位。

农村教师补充的新机制："特岗计划"

"特岗计划"的全称是"农村义务教育阶段学校教师特设岗位计划"。2006年，教育部、财政部、人事部、中央编办联合制定了《农村义务教育阶段学校教师特设岗位计划实施方案》（详见附录），方案规定：中央财政设立专项资金，在事权不变的前提下，在国家西部地区"两基"攻坚县（含新疆生产建设兵团的部分团场），以及纳入国家西部开发计划的部分中部省份的少数民族自治州、西部地区一些有特殊困难的边境县、少数民族自治县和少小民族县招聘教师；"特岗计划"由中央统筹、地方实施；所有设岗县不再招聘其他教师；"特岗计划"规定所招教师必须任教于农村中小学，中央财政设立统一的年工资补助标准支付其工作报酬，对3年期满后经考核合格留任的特岗教师，省级政府要落实其工作岗位。

"特岗计划"包括中央"特岗计划"和地方"特岗计划"两种。中央"特岗计划"是指上文所述由教育部等四部门联合实施的"特岗计划"。在中央"特岗计划"的基础上，很多省市遵循中央"特岗计划"的政策精神并仿照中央"特岗计划"的实施程序和招聘方法，实施了不同程度的地方"特岗计划"。地方"特岗计划"在实施层级、责任分工上与中央"特岗计划"有差异，但在招聘程序、招考对象、教师管理方式上与中央"特岗计划"差别不大，其本质都是由中央政府或地方政府设立专项资金，招聘大学生积极投身于农村教育事业。

什么是特岗教师

特岗教师是指由施行"特岗计划"政策所招聘的教师。在范围上,本文中的特岗教师指所有由"特岗计划"招聘的教师,包括3年服务期满已入编或未入编的,也包括服务期未满3年仍在岗或3年服务期未满就离岗的教师,既包括中央"特岗计划"所招聘的教师,也包括地方"特岗计划"所招聘的教师。

特岗教师在很多方面都表现出区别于一般农村教师的特殊性。在招聘方式上,中央"特岗计划"由教育部、财政部、人力资源和社会保障部、中央机构编制委员会办公室四部门联合实施,通过公考招考方式进行招聘,重视对教育学、心理学以及学科教学技能方面的测试,这与过去的招考方式差异很大;地方"特岗计划"在实施政府层级上不完全一致,但在招聘的责任分工上也与地方政府以前的招聘方式有较大差异。在身份上,"特岗计划"规定特岗教师任职的头3年属于志愿服务性质,同时规定特岗教师应该享受与当地教师同等的工资与福利待遇,在3年志愿服务期间,特岗教师的工资补助由中央财政统一的标准数与地方政府的工资补差构成,因此特岗教师在身份上具有一定的特殊性。在岗位特点上,"特岗计划"规定所招教师必须在农村中小学任教,在当下我国高校毕业生可以自主在城市和农村择业的情况下,特岗教师在岗位择定以及岗位本身都有一定的特殊性。另外,"特岗计划"

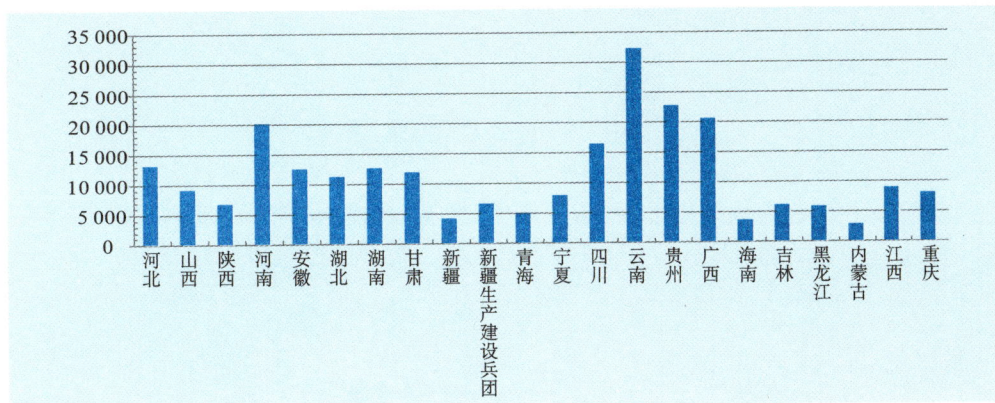

图2 到2011年22个省(区)特岗教师数量

规定了特岗教师的学历要求，以本科毕业生为主，少量招收专科毕业生，师范类与非师范类毕业生均可报考，这样的规定使得特岗教师在学历水平上比较高，也与之前地方教育部门的招考要求有一定的差异性。

"特岗计划"实施6年以来，共有约23.5万名中央特岗教师加入了农村特岗教师队伍，占农村义务教育教师总数的5.3%，分布在中西部22个省（区）、1 000多个县、共计2.7万所农村学校。据2011年数据，3年服务期满后，特岗教师的留任率高达87%，这些都为解决农村地区师资紧缺、结构性失衡问题作出重要贡献。作为国家促进城乡教育均衡发展战略的重要举措，"特岗计划"的出台具有深刻的时代背景和现实必然性。

政策目的与特点

进入21世纪以来，农村学校在校舍建设、教学仪器、图书设备等硬件保障方面已大有改观，但大部分农村地区学校教师总量不足、教师第一学历较低、学科结构不合理、总体年龄偏大、缺乏活力等问题始终未能有效解决，如何为农村学校补充学历较高、知识结构合理、年轻有活力的各学科教师是"特岗计划"政策的出发点与立足点。具体包括以下几点：

● 通过公开招聘高校毕业生到西部地区"两基"攻坚县县以下农村学校任教，引导和鼓励高校毕业生从事农村义务教育工作；

● 创新农村学校教师的补充机制；

● 提高农村教师队伍的整体素质；

● 逐步解决农村学校师资总量不足和结构不合理等问题。

"特岗计划"作为一项农村教师招聘政策，在特岗教师工资分担、各级政府权限与责任安排、招考方式以及特岗教师管理四个方面具有与以往招聘方式不同的特点。

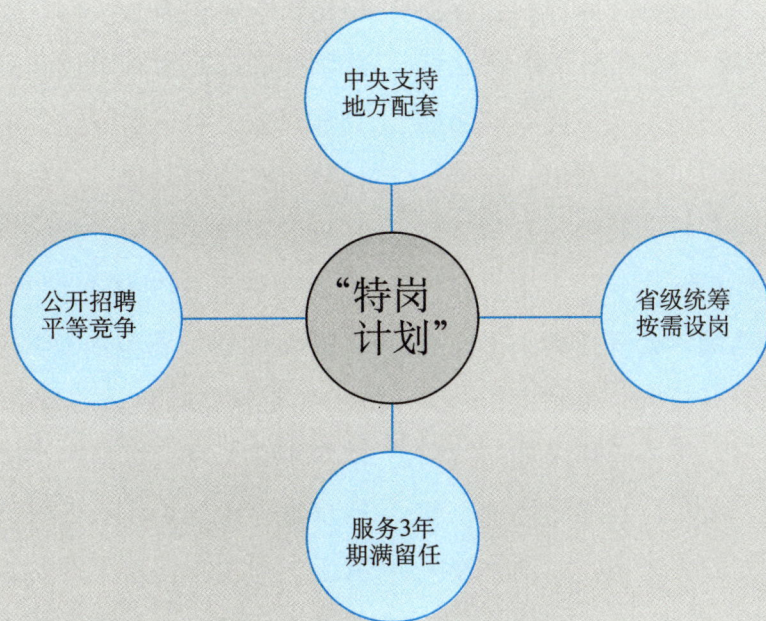

图3 "特岗计划"的实施特点

第一是在财政方面，中央支持，地方配套。中央财政设立专项资金，用于特岗教师的工资性支出，并按当年标准，与地方财政据实结算。特岗教师在聘任期间，执行国家统一的工资制度和标准；其他津贴、补贴由各地根据当地同等条件公办教师年收入水平和中央补助水平综合确定。凡特岗教师工资性年收入水平高出国家统一标准的，高出部分由地方政府承担。

第二是在事权方面，省级统筹，按需设岗。在教育部、财政部、人社部、中央编办四部门共同制定总体规划、年度计划和指导性意见的基础上，相关省（自治区、直辖市）要研究制订实施"特岗计划"的具体政策和落实办法，并精心组织实施，按需设岗。省级财政要统筹落实资金，用于解决特岗教师的地方性补贴、必要的交通补助、体检费并按规定纳入当地社会保障体系、享受相应的社会保障待遇（政府不安排商业保险）应缴纳的相关费用，以及特岗教师岗前集中培训和招聘的相关工作等费用。此外，还需负责设岗县（市）特岗教师的日常管理和考核的指导和监督工作。

第三是在招考方面，公开招聘，平等竞争。特岗教师实行公开招聘，招聘工作由省级教育、人社、财政、编办等相关部门共同负责，遵循"公开、公平、自愿、择优"和"三定"（定县、定校、定岗）原则，按下列程序进行：(1) 公布需求；(2) 自愿报名；(3) 资格审查；(4) 考试考核；(5) 集中培训；(6) 资格认定；(7) 签订合同；(8) 上岗任教。同时，招聘可采取组织专场招聘会、网上招聘会、组织设岗所在地有关部门到高校招聘等多种方式进行。

"特岗计划"对招聘对象有严格的条件限定：(1) 以高等师范院校和其他全日制普通高校应届本科毕业生为主，可招少量应届师范类专业专科毕业生。(2) 取得教师资格，具有一定教育教学实践经验，年龄在30岁以下的全日制普通高校往届本科毕业生。(3) 参加过"大学生志愿服务西部计划"、有从教经历的志愿者和参加过半年以上实习支教的师范院校毕业生同等条件下优先。(4) 报名者应同时符合教师资格条件要求和招聘岗位要求。

第四是在管理方面，服务3年，期满考核留任。特岗教师实行合同管理。合同中应详细明确规定用人单位和应聘人员双方的权利和义务。聘任期间，各设岗县（市）和学校分别对特岗教师户口和档案关系的管理、相应的周转住房和必要的生活条件、培训进修及评估评定工作制订详细的工作方案。"特岗计划"服务期是3年，鼓励特岗教师在3年聘期结束后，继续扎根基层从事农村教育事业。对自愿留在本地学校的，经考核合格符合留任条件的要给予入编，要负责落实工作岗位，将其工资发放纳入当地财政统发范围，保证其享受当地教师同等待遇。

"特岗计划"实施细则

根据2006年《农村义务教育阶段学校教师特设岗位计划实施方案》，中央每年依据各省申报的特岗教师的需求，总体部署、规划，调整"特岗计划"的实施范围。岗位设置相对集中，采取"侧重初中，兼顾小学"的实施原则，建议在农村中小学1所学校安排3—5人，原则上安排在县以下农村初中，适当兼顾乡镇中心学校。人口较少的边境县、少数民族自治县和少小民族县可安排在农村生源占60%左右的县城学校。

特岗教师待遇。3年聘任期间：①执行国家统一的工资制度和标准，与当地正式老师享有同等待遇，绩效工资不足的部分由地方财政解决，②津贴补助由各地根据当地同等条件公办教师收入和中央补助水平综合确定，提供必要的交通补助、体检费并按规定纳入当地社会保障体系，享受相应社会保障待遇，政府不安排商业保险。

3年聘任期满后：①鼓励期满后继续从事农村教育事业，对愿意留在当地学校的，要负责落实工作岗位，工资发放纳入当地财政统发范围；②重新择业的，各地要为其重新选择工作岗位提供方便条件和必要帮助；③可推荐免试攻读教育硕士。

"特岗计划"教师的户口和档案管理。"特岗计划"教师聘用期间，其户口根据本人自愿，可留在原籍，也可迁至工作学校所在地或工作学校所在地的县城；党（团）组织关系转至工作单位，并应积极主动参加工作单位的党（团）组织活动；特岗教师的人事档案原则上由服务县政府人事行政部门人才服务机构免费管理。服务期满后，被国家机关、国有事业、企业单位正式录（聘）用的，在服务期间建立的工作档案和党团关系按规定转到具有人事管理权限的相关单位管理或由政府人事行政部门人才服务机构代理；其他人员的工作档案和党团组织关系按照中组部、人事部《流动人员人事档案管理暂行规定》（人发〔1996〕118号）规定，直接转到原生源所在地政府人事行政部门人

"特岗计划"的最早雏形是云南红河哈尼族彝族自治州政府设定编制与资金招聘教师的政策。2003年以来，红河州出资购买教师岗位助推"两基"攻坚的成功经验引起广泛关注，曾在云南挂职的陈小娅副部长也认为此经验值得推广，同时此做法也得到国务院及教育部的充分认可，并在推进西部"两基"攻坚进程中采纳借鉴。教育部师范司根据已有经验的内容和模式并结合农村地区的实际需求，通过实地考察收集资料，在反复研究、深入论证、多方征求意见的基础上制定形成了"特岗计划"政策。

——教育部教师工作司[①]负责人

---

① 教育部教师工作司，原名称是教育部师范教育司，2012年7月改为教育部教师工作司。

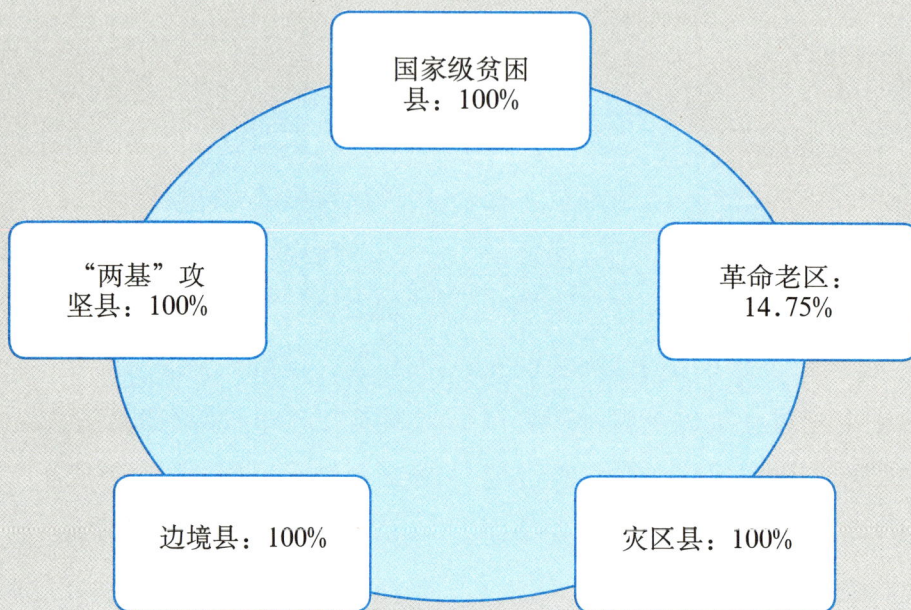

国家级贫困县：100%

"两基"攻坚县：100%

革命老区：14.75%

边境县：100%

灾区县：100%

图4 "特岗计划"实施县类别分布率

才服务机构。

"特岗计划"教师的聘后管理。"特岗计划"教师聘用后的日常管理与考核主要由设岗学校和设岗县教育行政部门负责。每年度结束，各设岗学校要对本校特岗教师的政治思想表现和工作情况进行综合考核，评定考核等次，并报县教育行政部门审核后存入其工作档案。

政策变化与调整

"特岗计划"自2006年实施以来，总体来说变化不大。比较明显的变化体现在加大了对特岗教师的工资保障力度、扩大了实施范围并逐步完善和落实了免试读研优惠政策；此外，中央政策也增强了对设岗省、市、县实施地方"特岗计划"的激励。

逐步提高工资性补助标准。 2006年，中央财政设立专项资金，用于特岗教师的工资性支出，并按人均每年1.5万元的标准与地方财政据实结算。2008年，该标准提高到18 960元。2009年，再次提高至20 540元。2012年，针对不同地区进行不同幅度的提高，中部地区为24 000元，西部地区为27 000元。

逐渐扩大设岗范围和调整岗位比例。 2006年，"特岗计划"实施的省、市、县主要分布在西部地区，2009年继续实施"特岗计划"，在实施范围上增加了河北、吉林、黑龙江三省。2012年中央"特岗计划"实施范围扩大为：《中国农村扶贫开发纲要（2011—2020年）》确定的11个集中连片特殊困难地区（六盘山区、秦巴山区、武陵山区、乌蒙山区、滇桂黔石漠化区、滇西边境山区、大兴安岭南麓山区、燕山－太行山区、吕梁山区、大别山区、罗霄山区）和四省藏区县、中西部地区国家扶贫开发工作重点县、西部地区原"两基"攻坚县（含新疆生产建设兵团的部分团场）、纳入国家西部开发计划的部分中部省份的少数民族自治州以及西部地区一些有特殊困难的边境县、少数民族自治县和少小民族县。

在小学教师和初中教师岗位比例上，从2012年起，调整原来的"侧重初中，兼顾小学"原则为"初中与小学教师队伍补充协调发展"。

适时增加设岗数量。 2006年伊始，以每年招聘2万—3万名特岗教师进行试点；2011年，"特岗计划"每年招聘特岗教师计划数增加至5万名；2012年，特岗教师招聘计划数增加至6万名左右。

实施特岗教师免试读研政策。 2011年11月，教育部发布《教育部办公厅关于做好2011年特岗教师在职攻读教育硕士工作的通知》，凡是符合条件的服务期满留任的特岗教师均可报名，要求考生具有全日制普通高等学校本科学历，同时近3年年度考核合格且至少有一次考核优秀。2012年计划招收1 004名特岗教师免试攻读在职硕士。

鼓励地方"特岗计划"。自2009年起，中央"特岗计划"的名额分配将与地方"特岗计划"的实施力度挂钩。国家计划的名额将视各地实施国家"特岗计划"的情况以及是否实施地方"特岗计划"的情况进行分配。

投资（亿元）

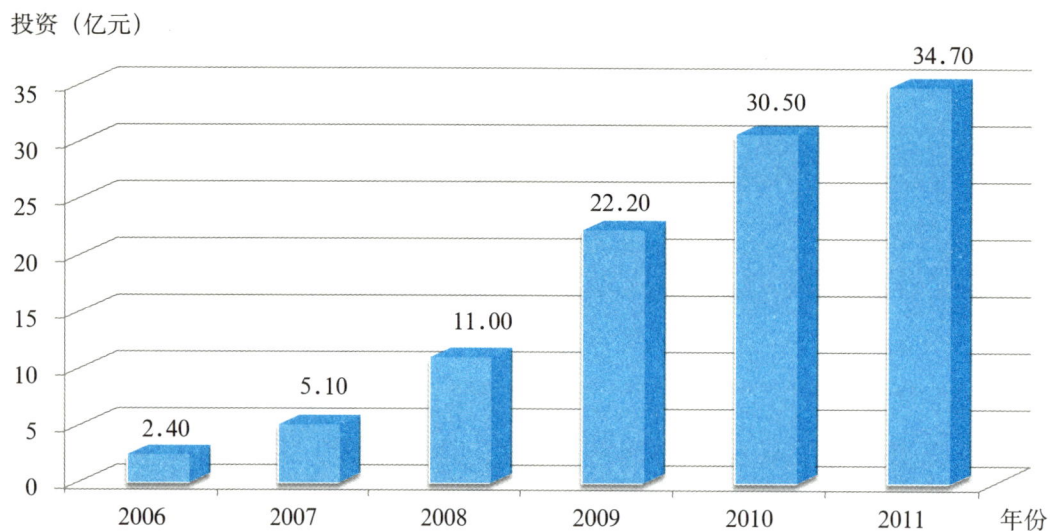

图5 2006—2011年中央"特岗计划"投资情况表

（注：本图中相关数据是根据每年招聘特岗教师数量，结合其工资补助进行测算，但实际中因为有特岗教师的流失，所以实际投资额与图中数据有差异。）

办好农村教育，让所有孩子都能够有学上、上好学，是教育工作者共同肩负的历史使命，是义不容辞的光荣责任。"特岗计划"必将成为越来越多有志青年报效国家、建功立业的平台，成为加快农村教育发展的助推器，成为希望田野上的一道亮丽风景线。

——教育部副部长　刘利民

2. 谁做特岗教师

- 特岗教师的个人及家庭特征
- 特岗教师的学历、学科及学业表现
- 一群热爱教师职业的人

特岗教师的个人及家庭特征

在很多方面看来，特岗教师具有显著的群体特征。教育部师范司、联合国儿童基金会在2011—2015合作周期的第一年，特委托北京师范大学对"特岗计划"政策进行专题调研和评估。从2011年3月到2012年年初，项目组对该政策的设计、实施、效果及影响力进行了全面调查评估。[①]

本次调研主要包括大规模问卷调查和大范围、多省区实地走访观察两个环节。问卷调查以项目组开发的《"特岗教师"调查

表1　特岗教师基本情况统计表

统计量	内　容	人　数	所占比例（%）
性别	男	1 636	39.78
	女	2 464	59.91
民族	汉族	3 274	79.60
	少数民族	796	19.35
年龄	20岁及以下	18	0.44
	21—25岁	2 191	53.27
	26—30岁	1 796	43.67
	31岁及以上	49	1.19
婚姻状况	未婚	2 913	70.82
	已婚	1 149	27.94
	离异	7	0.17
户籍	农业户口	3 286	79.89
	非农业户口	775	18.84

（由于每道题目都有少数特岗教师未作答，因此比例总数略小于100%。下同。）

[①] 本书下文所指的"调研"、"调研报告"均指此次调研和相应的调研报告。

问卷》和《县级负责人调查问卷》为研究工具，选取51个"特岗计划"覆盖的区县，采取等比例方式从特岗教师名单中等距抽样，同时对抽样县县级负责人进行问卷调查。共发放特岗教师调查问卷5 130份，收回4 838份（其中有效问卷为4 113份）；发放县级负责人调查问卷55份，收回有效问卷45份[①]。在2011年5—12月，项目组分别组织11个调研

团队在云南、新疆、广西、贵州、青海、陕西等11省的24个区县进行了调研，共收集了省、地、县、校各级"特岗计划"政策文本和管理文件材料近600份，走访了聘用特岗教师的中小学27所，现场记录及访谈录音近20万字，录制特岗教师教学视频十几节；组织各类利益相关人群召开了50余次群体访谈及座谈会，涉及人员500余名。调查显示，特岗

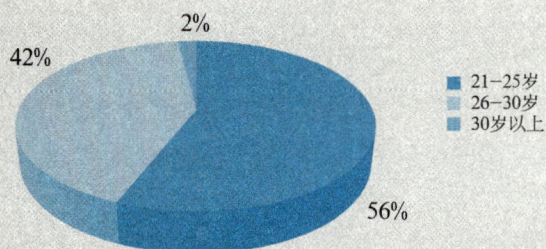

图6 特岗教师年龄段分布

21—25岁
26—30岁
30岁以上

2%
42%
56%

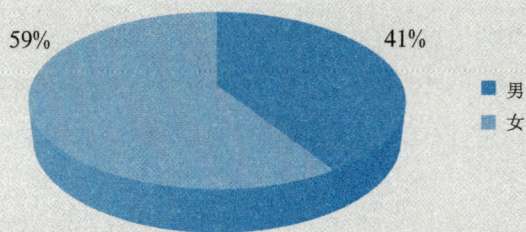

图7 特岗教师性别比例

男
女

59%
41%

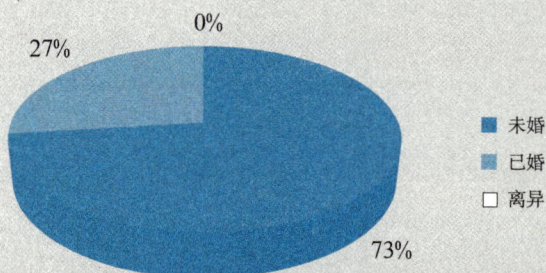

图8 特岗教师婚姻情况

未婚
已婚
离异

0%
27%
73%

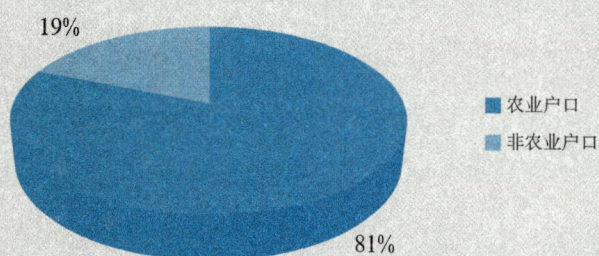

图9 特岗教师原户籍分布

农业户口
非农业户口

19%
81%

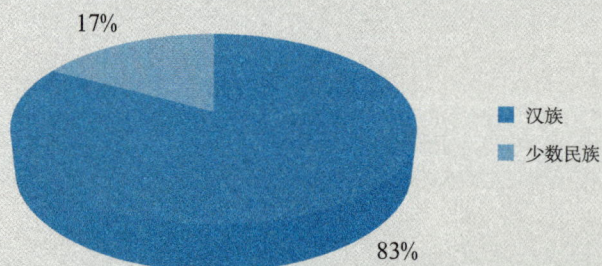

图10 特岗教师民族分布

汉族
少数民族

17%
83%

① 45份问卷中，有部分问卷是在后期相关会议或后续调研中发放的。本书中引用的县级负责人问卷中只对第一次大规模调研的38份问卷做了统计。

教师具有一些突出的群体特征。

特岗教师的性别、民族、婚姻等信息

调研显示，特岗教师当中，女性教师、汉族教师、年轻未婚教师和农村户籍教师所占比例偏多。女性特岗教师所占比例接近60%；汉族特岗教师所占比例超过了80%；年龄在20—30岁之间的年轻特岗教师比例达到98%，且超过70%尚未结婚；超过80%的特岗教师上大学前的户口类型都是农业户口。

特岗教师的家庭情况

特岗教师家庭年收入普遍较低。调查问卷中，当问到"您父母年收入的总和大致为_____元"时，特岗教师填写的家庭年收入在1万－2万元之间的最多，大于2万元的家庭较少。超过93%特岗教师认为自己父母家庭的经济条件在其家乡属于"中等"或"偏下"水平。调研结果显示，有40%的特岗教师表示，相对于生活适应、工作压力，经济负担是自己目前最大的压力，这表明特岗教师对收入有着较高期待。

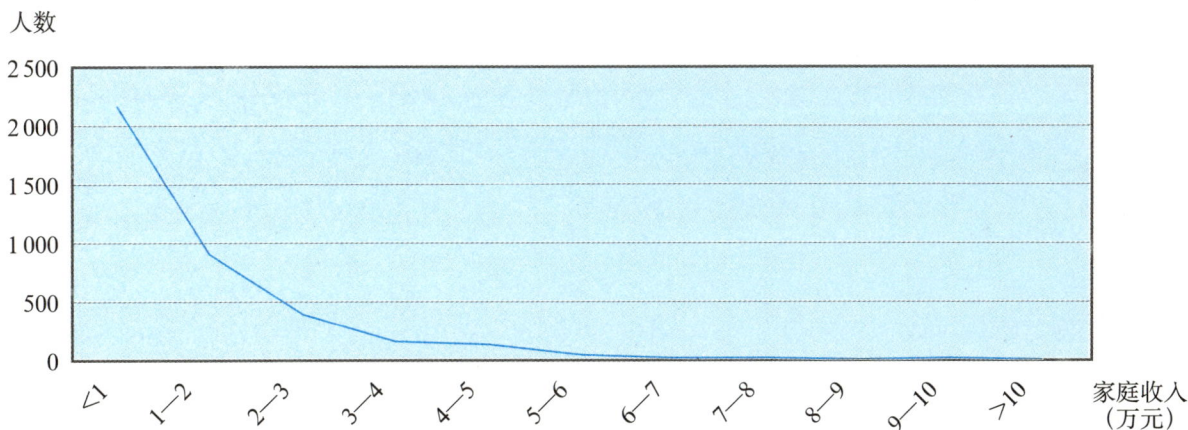

图11 特岗教师家庭年收入情况表

特岗教师父母的文化程度普遍不高。调研还发现，特岗教师家庭中，父亲文化程度占最大比例的是"初中"，初中和初中以下的比例约为64%；母亲文化程度占最大比例的是"小学"，初中和初中以下的比例接近80%。但是，超过80%的特岗教师家庭都比较支持自己的孩子报考特岗教师。

2009年毕业离校后，父母每天都要打好几个电话要我回家参加本县的特岗教师考试。他们说我是家里唯一的男丁，一定要我留在他们身边。他们每天近乎恳求的语气使我那颗在省城找工作坚如磐石的心背叛了我。经过一番思想斗争后，我回到了家乡。

——"我的特岗故事"征文摘录（贵州）①

① 此处的省份是指特岗教师任教学校所在的省份，下同。

特岗教师的学历、学科及学业表现

　　特岗教师的学历水平较高，在校成绩良好。项目组关注了特岗教师的文化程度、学历类型、在校期间学习成绩等信息，见表2。

表2　特岗教师学历、就读大学类型及大学期间学习情况表

统计量	内　容	人　数	所占比例（％）
文化程度	大专	1 288	31.32
	本科	2 742	66.67
	研究生	14	0.34
	其他	45	1.09
学历类型	师范类	3 446	83.78
	非师范类	609	14.81
在校期间学习成绩	优秀	1 783	43.35
	良好	1 951	47.43
	中等	344	8.36
	其他	2	0.05

　　从表2数据中可以看出，约67%的特岗教师具有本科以上学历，大专毕业生占31.32%，也有极少数的特岗教师具有研究生学历。部分设岗县大专学历的特岗教师所占比例较高，例如贵州省威宁县2006—2010年招聘的6 589名特岗教师中，大专学历的有3 991人，占威宁县特岗教师总数的60.57%。

　　数据显示，师范类毕业生特岗教师占83.78%，非师范类毕业生特岗教师占14.81%，非师范类毕业生来自综合院校的不同专业领域。关于特岗教师在校学习成绩的问卷调查表明[1]，特岗教师在校期间的学习成绩都比较靠前，自我陈述"优秀"（班上成绩排名前10%）和"良好"（班上成绩排名前25%）的占90%以上。虽然这个数据的主观成分可能较重，但也能看出特岗教师总体质量较高。

[1] 问卷调查的题目是：大学毕业时，您的成绩在班级属于：1优秀（前10%），2良好（前25%），3中等，4其他。问卷调查结果基于特岗教师的自我陈述。

这些老师的共同特点就是学历高、思想很活跃、上进心强、热情高、干劲比较足。他们来了之后给学校带来了活力和惊喜。

去年中考有36人参加，其中600分以上的有3人，其中1人考上重点中学临汾一中，1人考上临汾三中。应届生考进重点中学是历史上的第一次，这些学生都是特岗教师带的，他们起到了很大的作用。

——中学校长（山西吉县）

来源：《"农村义务教育阶段学校教师特设岗位计划"政策调研报告》

特岗教师专业分布广泛。除了师范领域各专业外，还包括了高等院校大部分专业。以实地调研中的河北省某乡镇中学为例，该校共有特岗教师21名，这些特岗教师毕业于不同学校，包括河北省内高校和省外高校，所学专业跨度也很大，除了音乐、英语、思想政治教育、体育教育、地理、教育技术、数学、化学、生物教育等专业外，还有电子信息工程、法学、制药工程、农学、人文教育、动物医学、对外汉语、平面设计等专业的毕业生（见表3）。

表3　河北某乡镇中学特岗教师毕业院校与所学专业表

编号	毕业院校	所学专业	编号	毕业院校	所学专业
1	河北北方学院	音乐学	12	唐山师范学院	法学
2	河北经贸大学	平面设计	13	黑龙江中医药大学	制药工程
3	廊坊师范学院	音乐学	14	河北保定学院	生物教育
4	河北石家庄铁道学院	电子信息工程	15	河北科技师范学校	农学
5	邯郸学院	体育教育	16	大同大学	英语
6	邯郸学院	地理	17	石家庄学院	人文教育学
7	太原师范学院	数学与应用数学	18	河北科技师范学院	动物医学
8	保定学院	英语	19	邢台学院	文秘教育
9	湖南科技大学	化学	20	保定学院	英语系
10	河北经贸大学	对外汉语	21	廊坊师范学院	思想政治教育
11	青海师范大学	教育技术学			

综上可以看出，多数特岗教师出身于普通的农民家庭，在校期间学习成绩比较靠前，在学历水平、知识技能储备、学科多样性上都与过去的农村教师队伍有较大差异。

一群热爱教师职业的人

从调研的情况来看，特岗教师普遍热爱本职工作。这一点可以从他们报考特岗教师的动机和对自己工作的认识中看出来。

热爱教育事业是多数特岗教师的报考动机。调研中通过问卷调查发现，对于"为什么报考特岗教师"这一问题，特岗教师们表示最主要的原因是"喜欢当老师"和"为了支援落后地区教育"，反映出特岗教师对教育事业的热爱。从表4中可以明显看出，选择"喜欢当老师"这一项的特岗教师超过了半数；选择"为了支援落后地区教育"的特岗教师所占的比例也比较大。地方政府对特岗教师的关怀和重视，也强化了特岗教师们对农村教育事业的热爱和献身精神。

由教育部教师工作司主办、北京师范大学承办的首届"我的特岗生活"特岗教师征文收集到2万多篇文稿，大量文章的字里行间流露出特岗教师对教育事业的热爱以及对投身于农村教育的热情和理性思考。在这些文章中，特岗教师们回顾了自己报考特岗教师的心路历程，描述了他们在工作、生活中的收获和感悟。通过对这些文章的阅读、分

表4　特岗教师的报考原因

报考原因	人　数	所占比例（%）
喜欢当老师	2 074	50.43
为了支援落后地区教育	663	16.12
工作地点离家近	322	7.83
通过这种方式转为正式教师	298	7.25
先工作看看，再寻找其他机会	272	6.61
没有找到其他满意工作	213	5.18
家里人的要求	102	2.48
方便继续攻读教育硕士	45	1.09
离男（女）朋友更近	38	0.92
同学、朋友也考取了特岗教师	23	0.56
特岗教师工资待遇有吸引力	20	0.49
其他	9	0.22

类，我们发现特岗教师大体上分为以下几类。第一类，也是最多数的特岗教师，他们是农村户籍出身，他们热爱教师职业，熟悉农村生活，对各种困难估计充分，在大学毕业后积极返乡任教。第二类特岗教师在毕业时也有过寻找其他工作的机会，但他们放弃了寻找其他工作的机会而选择农村，选择农村教师这个岗位。第三类特岗教师也是农村户籍出身，但对农村艰苦的教学条件心存顾虑，是在经过一定的理性权衡后，在城市就业的压力下，选择回乡任教。从特岗教师的文章中可以看出，多数特岗教师经历了了解农村、理解农村、爱上农村教师行业的心路历程。

在熟悉的家乡实现教师梦

热爱教师行业、有志于为农村教育事业奉献自己的力量的特岗教师占相当的比例，这样的事例不胜枚举。

刚入大学时老师问："都有谁是为了做老师来的信阳师院？"班里独有我举手。老师又问："那你们又有谁毕业后要去做老师？"还是只有我。打那次后，全班同学都知道，我——为老师而来，也只为它而去！淳朴敦厚的乡村、钟灵毓秀的大山，都蕴藏着求知的心，怎能忍心幼苗未出土被扼杀？怎能不理雏鸟未振翅便夭折？于是师院毕业，我报考了河南省的特岗教师，既为圆教师梦，也为那些渴求知识的孩子们。

——"我的特岗故事"征文摘录（河南）

小时候因为家里穷，是靠"希望工程"的资助和好心人的捐助我才有机会读书的。父母也常告诉我"滴水之恩，当涌泉相报"的道理。在读书的过程中，我渐渐地明白了要想改变贫穷落后，只有靠努力学习科学文化知识才能实现，只有靠教育才能完成。于是我选择了做特岗教师。我任教的学校教师紧缺，很多班级学生数都在80—90人，桌椅板凳都排到了讲台前面，不到3尺长的一张桌子至少有3个学生挤着坐。为了不耽误课，我在生病期间拄着拐杖代了一年的课。学校经常停电，生活用水要用摩托车去很远的地方运，但我要用不知疲倦的跋涉让我的青春变得厚重而美丽！

——"我的特岗故事"征文摘录（贵州）

其实我就是在这样的农村环境中成长的，由于家里经济困难，我从小就是在社会各界的资助下完成的学业。我的理想就是回报自己的家乡，所以我选择了师范专业，做一名教师。

——"我的特岗故事"征文摘录（四川）

我生长在这里，并曾经在这片同样的土地上努力追寻梦想，所以我多么热切地渴望把我的知识、我的快乐和希望，还给这片土地，还有和我曾经一样有着梦想的孩子。让灵魂飘香——生命的辉煌拒绝的不是平凡而是平庸，在平凡的岗位上做出不平凡的业绩，这才是我生命的意义、生命的价值所在。

——"我的特岗故事"征文摘录（河南）

站在三尺讲台上，终于见到了那些清澈的眼睛。孩子的眼神透着灵气，天真无邪的脸上透着欢喜。我微笑地看着他们，他们并不知道，为了遇见他们，我等待了多年，努力了好久……那一刻，我在心里默默决定，一定要好好教他们。

——"我的特岗故事"征文摘录（重庆）

另外，父母的支持与期盼也是特岗教师回乡从教的重要原因。

从表5可知，超过80%的特岗教师家庭都比较支持自己的孩子报考特岗教师，只有个别家庭不支持。从访谈中所获的信息同样表明，很多大学毕业生是在父母的强烈支持下报考了特岗教师。

表5　特岗教师家庭支持情况

支持程度	人　数	所占比例（%）
很不支持	96	3.17
不太支持	254	8.34
不清楚	209	6.70
比较支持	1 199	39.57
非常支持	1 245	41.09

刚迈出大学校门的我，偶然间得知黑龙江省首次招聘特岗教师的消息，这一振奋人心的消息拴住了我远行的脚步，想想家里年迈的外婆和身体不好的妈妈，想想一直存留心中的挥笔执教的红烛梦，我毅然决定报考特岗教师，不仅为了圆儿时的那个梦想，更是想为家乡的教育事业贡献出自己的一份力量。

——"我的特岗故事"征文摘录（黑龙江）

在外求学几年，我似乎已经习惯了城里的生活，终于毕业却又要回到乡村。我想和我一样一同回来的每一位特岗教师也都为此而感到不甘心吧！我曾想象过通过自己的努力在某座城市的某个地方有我的一席之地，有干净、整洁、明亮的工作环境，享用着城里便利的交通，过着属于自己的忙碌却又充实的生活。但梦想总要回归现实，面对外界巨大的就业压力和家人盼归的眼神，我还是决定回到家人身边，尽一个子女应尽的义务，用自己的所学回报自己的家乡。

——"我的特岗故事"征文摘录（甘肃）

放弃城市，献身乡村教育

特岗教师队伍中，也有不少人是城市户口，放弃了优越的就业条件而选择做特岗教师。湖南省特岗教师唐璇生长在繁华富丽的鞭炮之都——湖南省浏阳市，父亲是地方行政部门的职员，母亲是知名企业家，拥有独资和合资企业十来家。但她放弃了父母为她规划的事业，毅然选择当一名特岗教师。2009年冬天，她再一次放弃了父母为她安排的入伍资格。2010年3月，她46岁的父亲突发脑溢血不幸去世，领导安排她进市政法委工作，但她说服了母亲，还是选择了当一名特岗教师。两年来她通过自己的努力赢得了一系列的荣誉和一致的赞扬，今年被选为平江县十一届党代会代表。

唐璇在大学就是湖南省优秀共产党员，大学毕业后先参加了公务员考试，笔试成绩第一，面试成绩第二。后来相继参考村官、特岗。因为特岗先录取了她，她毅然放弃了也考取的村官。她说，我既然被这里录取了，只要有工作可干，只要能实现价值就好，做人就应该做有价值的事。这样一个家境不错、在蜜罐里长大的城市女孩，却毅然选择了到革命老区平江县做特岗教师。在这里，晚上一个人走路，经常会踩着蛇；往床上一坐，屁股底下也常会有蛇。父母亲刚开始很不理解，父亲去世后，妈妈能理解了，说要向女儿学习。平江县政府网、红网、岳阳报社报道了唐璇的事迹，唐璇自己说："事迹有真实性，但是辞藻华丽，不希望被太多人宣传，以后做不好对不起别人。"

来源：《"农村义务教育阶段学校教师特设岗位计划"政策调研报告》（湖南省分报告）

对从城市到农村支教的我，（学校的）老师们热心地嘱咐我以后有什么困难一定告诉他们，他们定会尽力相助。平淡的语调，朴实的语言，让我这个异乡人心头暖暖的。2010年大学毕业的我，对自己的职业早已有了一个准确的定位，实现我从小就有的愿望：成为一名光荣的人民教师。对于我这样一个刚毕业没有任何社会经验的大学生，我更应该感谢的是在农村的支教给我的磨炼机会，让我在今后的工作生活当中学会独立。

——"我的特岗故事"征文摘录（广西）

曾经远游，终回故乡

不可否认的是，多数特岗教师都经历了"城市"与"乡村"、"安逸"和"艰苦"的选择，在就业的压力下，重新认识了自己的"理想"和"梦"。如图9所示，调查中81%的特岗教师是农业户口。读大学曾经让他们有幸跳出农门，在城市的求学、生活经历对特岗教师的世界观、人生观产生过重要影响。在心理层面上，返乡就业是很多大学毕业生有所犹豫的，但改变农村教育现状的使命感是很多大学生选择做特岗教师的重要原因。很多来自农村的大学生自身求学过程充满艰辛，并得到过社会各界的关心和帮助，"希望改变家乡的落后面貌"、"回报社会"成为很多特岗教师的心声。

大学毕业那年，和很多同学一样，我在为自己的下一站徘徊，是涌入大城市追求快节奏的生活，还是在平凡的岗位中寻找自己的支点，实现自我价值？闹市中或许我能找到一个属于自己的岗位，但，从山里走出来的我深深地知道，山村的孩子更需要我们。几经考虑，我决定重返家乡的农村小学，发出自己的一份光与热。虽然我很渺小，但不管有多微弱，它依旧能在需要它的黑暗中燃起一丝希望。2011年的特岗教师招聘犹如一场及时雨，给了我这么个难得的好机会。

——"我的特岗故事"征文摘录（江西）

作为一个生在农村、长在城市的移民者，我以为我早已习惯并喜欢上了城市的灯红酒绿和热闹霓虹，可是短短的两年特岗却唤起了我对生命最原始的存在状态的热爱。每每回到物欲横流的城市，穿梭于人车洪流之间，我就像一叶无人驾驶的扁舟，形单影只……我的眼里容不了都市的繁华，因为，我对这片乡土爱得深沉。

——"我的特岗故事"征文摘录(安徽)

我和所有刚毕业的大学生都一样吧，想着远离家乡，心中满腔热血，向往大城市的繁华、丰富多彩的生活，梦想着自己孤身一人在大城市打拼，出人头地、衣锦还乡。可这样的光景终究没有在我身上实现，就业的压力和现实的残酷让我自己决定不了未来。我选择的可能是一种通往现实安逸生活的捷径，可能离当初自己设定的梦想有些距离。而当我来到这里，我知道了，这又是另一种梦想。

——"我的特岗故事"征文摘录（吉林）

虽然我早已明白：教室里放飞的是希望，守巢的是自己；那块黑板上写下的是真理，擦去的是功利，但我仍然心甘情愿。如此日复一日，年复一年，没有惊人的壮举，没有耀眼的光环。或许多少年后，我已两鬓斑白，满脸皱纹，当我不得不走下这三尺讲台时，我回头看看自己走过的这一生，我会很骄傲地告诉自己："三尺讲台迎冬夏，满腔热血写春秋。我的一生是值得的！"

——特岗教师（贵州）

"特岗计划"是个好政策，如果贫困山区不实施这个政策，那么报名来当老师的人会很少。贫困县经济、交通都不好，高校毕业生都想往大城市、好学校跑，往好地方走，能在城里漂着、在家里泡着，都不去农村，因此教师队伍得不到补充，就算补充也是补个数，条件差。实施这个政策的好处很多，第一，省钱，国家给钱，让县里省了不少钱；第二，招聘的老师在来源范围上具有跨县的特点；第三，通过考试选拔的特岗教师，能力强，素质高。

——市教育局负责人（山西省临汾市）

"特岗计划"是我国改革农村学校教师补充机制、吸引高素质教师从事农村义务教育的一项创新政策。要组织一些专家学者,把中国的经验总结出来,为其他国家,特别是为发展中国家提供成功经验。

　　中国经验说明,只要有强烈的政治意愿,只要国家有坚定的决心,基础教育质量提升面临的师资、城乡差异等问题是可以短时间内得到有效解决的。下到乡村的特岗教师,只要政策真正到位,也是可以留得下来的。

——北京师范大学校长　董　奇

3. 新机制：特岗教师的招聘方式

- "特岗计划"的实施过程与机制
- "特岗计划"的设计与实施特点
- 比较：传统模式与"特岗计划"

"特岗计划"的实施过程与机制

"特岗计划"的核心内容是由中央财政直接购买中西部农村贫困地区的教师岗位，面向全国招聘优秀大学毕业生到农村任教。这一计划实施6年来成果卓著，共招聘了23万多名大学毕业生补充到农村基础教育领域。总体来看，"特岗计划"创造了一条畅通的农村教师招聘机制。所谓畅通，是指它能够持续地、稳定地同时又具有一定灵活度地，即动态地满足农村教师数量、质量和结构优化的需求。下面我们就从各级分工、招聘对象、招考模式、考试内容、岗位分配、日常管理、特岗教师的培训与考核八个方面来系统地了解"特岗计划"的实施过程与机制。

各级分工

教育部在国家级层面规定"特岗计划"的实施细则和责任分工，规定特岗教师的招聘条件、招聘程序、管理方法和考核办法。中央财政设立专项资金，用于特设岗位教师的工资性支出，制定人均年工资标准，与地方财政据实结算。教育部、财政部牵头制订总体规划和年度计划，提出特设岗位教师总量指导性意见。教育部根据中小学生数量变动情况确定招聘人数，财政部按实际招聘人数据实核定经费。

在省级层面，省教育厅主要负责统筹协调，协同省财政厅、人力资源和社会保障厅、省编办四部门联合制定年度"特岗计划"实施方案，落实和监督各设岗县"特岗计划"的执行。

各设岗县主要负责特岗教师的日常管理和考核。各省地市一级职责差异较大，如四川、湖南的地市一级基本不承担组织笔试、面试等招考工作，只负责报送计划、岗前培训等，而河南、贵州的地市一级除了以上职责之外，还承担着组织笔试、面试的重要工作。

"特岗计划"采取了中央统筹、地方实施的组织原则，因此地方政策调整的空间较大，不同省份在具体实施过程中的职责分工上有自己的特色。

● 新疆采取了五家联合的方式，除省教育、人社、财政、编办四家单位以外，中共新疆维吾尔自治区委员会组织部也参与了

"特岗计划"实施过程。

● 湖南成立了专门的省级特岗办公室，同时，以湖南省教育科学研究院教育人力资源所为代表的省级科研力量也介入组织考试等实施过程。

● 贵州则坚持省级统筹，由省政府出面来协调各部门，大力推进"特岗计划"的实施。同时，贵州省在2008年还参照中央"特岗计划"模式，由省、地、县分别提供资金，创造性地实施了多层次的地方"特岗计划"，即建立中央、省、地、县四级"特岗

计划"实施体制。

招聘对象

各省在"特岗计划"招聘规则的细化规定上大都与中央政策保持一致，青海、山西、贵州三省因本省特殊省情或配套施行了地方"特岗计划"而在招聘对象范围划定上有所不同。具体差异见表6。

表6 "特岗计划"地方执行过程的变化与创新

省（市）	实施层级	学历要求	生源地划定
青海	中央"特岗计划"	与中央政策一致	限定为本省及省外青海生源高校毕业生
山西	省级"特岗计划"	纳入30岁以下往届专科毕业生	限定为山西生源
贵州	县级"特岗计划"	纳入具有一定条件的代课教师；地市一级自行确定是否纳入中师应、往届师范类专业毕业生	地市一级自行划定招聘生源地范围
湖北	中央"特岗计划"	将"特岗计划"与本省"资教计划"合并执行：本科以上学历	全国招考
重庆	地方"特岗计划"	地方"特岗计划"重点招聘音乐、体育、美术教师：全日制普通高校本科及以上毕业，或全日制普通高校艺体类专业、师范类专业应届专科及以上毕业	全国招考

各省规定的招聘对象范围差异主要体现在对学历以及生源地的要求上。中央"特岗计划"对考生学历要求较高，地方"特岗计划"在学历要求上有所降低。中央"特岗计划"除少数省市对考生来源有所限制外，大部分是全国统考统招特岗教师，打破了以往

相对封闭的地区教师招考体制，有利于人才流动和文化交流。地方"特岗计划"往往把招聘范围划定为本地区或本县，这种限制主要考虑的是特岗教师队伍的稳定及本地区就业两个因素。调研也显示，近82%的县级教育行政部门负责人希望增加本地特岗教师，

同时高达83%的特岗教师表示如果条件允许，更愿意回到家乡工作。

但同时应该注意的是，在全国跨省、跨师范院校招聘教师，使得义务教育阶段的教师队伍具有跨地域、多元文化、多学科的特点，这种开放性，对中西部贫困地区的义务教育会有好处。从现代文化交流的角度来说，过分本土化保护也是一种资源配置的不均衡。本土化保护带来的封闭性虽是一种自治，但是有时会阻碍外来的、先进的文明进入。不是完全否定教师队伍的本土化保护，但如果外来老师能配置到20%左右并能融入当地文化，对当地，尤其是对教师和学生在文化的交汇、视野的开阔、理解的多样性方面是有好处的。

关于报考条件，调研显示，40%的特岗教师认为报考条件限制太多，而52%的县级教育行政部门负责人对报考条件限制太多这一观点并不认同。

在招聘对象的倾向性方面，调研表明，42%的县级教育行政部门负责人更倾向于招收男生，而倾向于招收女生的比例只有5%多一点。可见，县级教育行政部门更欢迎男性特岗教师，前者与特岗教师队伍的稳定性有关，后者与教师自身职业特点有关。同时近40%的地方教育行政部门更希望增加招收往届毕业生。可见，多数县级教育行政部门负责人对招聘具有何种特征的特岗教师有一定的倾向性。

招考模式

招聘考试方面，从负责笔试和面试实施层级看，共有省级笔试省级面试、省级笔试地市级面试、省级笔试县级面试、省或地市级笔试市级面试、县级笔试县级面试五种模式。

可以看出，省级部门在笔试中扮演了重要角色，以省考为主。市、县级部门则在面试中扮演了重要角色，以市级面试、县级面试为主。同时，从通常的县级主持考试录用到省考省面，招考事权逐渐上移，县级招考权力逐渐减弱，省级统筹力度逐渐上升。

山西省为了保证特岗教师队伍的稳定性，对违约的特岗教师有明确的惩罚措施，不仅收取违约金，而且提出3年内不得参加特岗教师招聘考试，各级教育行政部门和学校不得聘用。这一较为严厉的违约惩罚措施起到了一定的作用，两年来特岗教师的离岗率仅有1.62%。

湖南省为最大限度地避免填报志愿"扎堆"或"空缺"现象，在2011年特岗教师的招聘报名过程中，采用"绿"、"黄"、"红"三种颜色，实时提示报名对象各岗位的大体报名人数情况，引导广大考生尽可能均衡地填报岗位志愿。同时录取实行征集志愿，对空缺岗位进行及时补充。

来源：《"农村义务教育阶段学校教师特设岗位计划"政策调研报告》

"特岗计划"实施后，各设岗县招聘事权上移，使得教师准入机制更为公平、公开。

关于招考环节，调研发现，特岗教师认为首要需要改进的是"相关政策的宣传及解读"，其次是"报考条件"，再次是"考试内容"。县级教育行政部门相关负责人则认为首先需要改进的是"考试内容"，其次是"报考条件"，再次是"相关政策宣传及解读"。截然相反的排序显示出特岗教师与县级教育行政部门相关负责人关注点的差异，同时也表明这三个环节确实存在改进的空间。

考试内容

各省的考试方式和考试内容大同小异，多数考试都包括笔试和面试两个环节，在测试内容上都重视对教育学、心理学知识和教学技能的考评。以四川省为例，[①]该省特岗教师招聘考试包括笔试和面试两个环节。笔试科目为教育公共基础笔试和专业知识笔试两项，考生的笔试综合成绩由教育公共基础笔试成绩和专业知识笔试成绩共同组成，各占50%的分值。

教育公共基础笔试满分为100分。教育公共基础笔试参照《四川省人力资源和社会保障厅 四川省教育厅关于印发〈四川省中小学公开招聘教师教育公共基础笔试和复习大纲〉的通知》（川人社发〔2012〕145

号）进行命题和考试。专业知识笔试满分也是100分。报考语文、英语、数学、物理、化学、生物、历史、地理、政治特设岗位的考生分别参加本专业知识笔试。报考信息技术特设岗位的考生参加数学专业知识笔试。报考音乐、体育、美术和藏文特设岗位的考生参加语文专业知识笔试。专业知识笔试不区分小学岗位和初中岗位。语文、英语、历史、地理、政治学科岗位的专业知识笔试内容以《2012年普通高等学校招生全国统一考试大纲（文科）》为依据进行命题和考试，数学、物理、化学、生物学科岗位的专业知识笔试内容以《2012年普通高等学校招生全国统一考试大纲（理科）》为依据进行命题和考试。英语专业知识笔试，不考听力和口语，在其他类型试题中适当增加题量。

面试成绩满分为100分。面试考核内容以教师基本素养、所报考岗位的学科专业知识、语言表达能力、仪表举止、试讲试教等为主，采用现场打分方式进行。对于没有组织专业知识笔试的音乐、体育、美术、信息技术、双语和藏语专业岗位的考生，将加大专业知识水平测试和能力考核力度。四川省"特岗计划"的考试方式与多数省份的考试方式相类似，但一些设岗市县的招考方式也各有特色与侧重。

调研中很多地方的教育行政部门领导、校长都反映现有的特岗教师考试方式和测试

---

① 来源：农村教师特岗计划招录服务网（http://tg.ncss.org.cn/）。

广西省2012年特岗教师招聘考试采取教学技能考试和面试的方式，专家组以听应聘者试教和答辩等形式对应聘者进行教学技能的量化、教学理论和解决实际问题能力的考试。考试满分为100分，其中教学技能考试(试教)80分，面试（答辩）20分，60分合格。

1．教学技能考试（试教）内容：考试用的教材为广西现行使用的新课程实验教材，版本不限。应聘小学岗位的，考小学四年级第一学期使用的实验教材（苏教版）；应聘初中岗位的，除化学科外，其他科目考初二年级（八年级）第一学期使用的实验教材，化学科考初中使用的实验教材上册（第一学期内容）。考试时个人使用的教材，由应聘者自备。

2．面试（答辩）内容：专家组提出2个问题由应聘者现场答辩。

——摘自《2012年广西浦北县"特岗计划"教师招聘考试工作的通知》
来源：http://www.offcn.com/zhaokao/zkxx/2012/07/18/98650.html

内容与之前人事部门组织的考试方式差异很大，但"特岗计划"的招聘方式更能招聘到适合基层教学的老师。

岗位分配

分配方面，山西、湖南两省采取了报考时即已确定具体岗位的分配方式，其优势在于更能保证分配的公平、公正，面临的问题主要是考生容易扎堆报考某一岗位，出现岗位冷热严重不均的现象。另外有一些省市则主要采取县级行政部门统一分配岗位（如陕西省子长县）以及考生根据成绩自主选岗（如四川省南部县）等方式。但从总体上看，各地教育部门多数能考虑到特岗教师的家庭所在地、婚恋便利等因素，尽量为特岗教师的工作、生活提供便利。

调研显示，县级行政部门统一分配是主要的岗位分配方式，有近82%的县级教育行政部门负责人反映本县特岗教师是由县里统一分配的。

在分配特岗教师时，我们尽量考虑以下因素：一是学校别太偏远，尽量安排在有大食堂的、生活较方便的学校；第二，尽量按照就近原则进行分配，也有部分本地特岗教师不是很在意是否分到自己乡镇所在地的学校（我们也尽量满足他们的要求）；第三，对那些有恋爱关系的特岗教师，尽量把他们分到同一所学校。

——河南伊川县教育局负责人
来源：《"农村义务教育阶段学校教师特设岗位计划"政策调研报告》（河南省分报告）

县级教育行政部门统一分配岗位这种方式虽有可能避免考生根据成绩自主选岗易出现的农村师资分布不均衡的问题，但这种模式容易受到设岗县盘根错杂的人际关系的影响，本县特岗教师往往容易在岗位分配的博弈中占据优势。

考生根据成绩自主选岗这种方式虽较为照顾考生的个人意愿，但容易出现综合成绩高的考生多集中在靠近县城且相对优质的学校，综合成绩较低的考生则集中在边远学校或教学点，造成设岗县内部农村教师资源分布的不均衡。

日常管理

特岗教师的管理上各地主要施行的是"以县为主"、省级教育部门监督指导的管理体制。大多数设岗县采取特岗教师专门管理的模式，有的设岗县还成立了专门的县级"特岗计划"办公室，以加强对特岗教师的管理。部分设岗县提前将特岗教师纳入正式

在教师培训中，中小学老师主要是从课堂教学实践方面来开展培训，大学老师更多的是从理论上来进行培训。前者可能实用性更强，更符合我们的实际吧。

——某特岗教师（青海）

来源：《"农村义务教育阶段学校教师特设岗位计划"政策调研报告》

教师管理体制，如贵州省威宁县在2008年制定的《威宁县特岗教师管理办法》中就明确规定特岗教师属于在编教师。

在特岗教师违约规定方面，各地政策普遍较为宽松，特岗教师若有意愿离职并不会面临太多的政策性阻碍，但山西省的违约惩罚措施比较严厉。

较为严厉的违约惩罚措施一方面增加了特岗教师离职的机会成本，有助于提高特岗教师队伍的稳定性；另一方面，自然流动的减少也意味着部分特岗教师虽有离职想法但因考虑到违约成本而依然留在岗位上。这样的做法对于农村特岗教师队伍的更新和素质提升来说究竟是否有利还有待进一步探讨。

培训

培训分为岗前培训及后续培训。实地调研发现，岗前培训主要有三种方式。第一种方式是特岗教师单独岗前培训；第二种方式是与县级公招新教师一同培训；第三种方式是与新入职的县级公职人员一同培训。

特岗教师单独岗前培训这种方式比较普遍，也最有针对性，多适用于"特岗计划"实施力度较大、招聘人数较多的设岗县。部分省区如青海、新疆则采取了省级统一的专门针对特岗教师的职前培训活动。与县级公招新教师一同培训针对性稍弱，多适用于"特岗计划"

与县级公招并行的设岗县。与新入职的县级公职人员一同培训针对性最弱，多见于特岗教师招聘人数较少的设岗县。

调研表明，近90%的县级负责人认为本县特岗教师接受的岗前培训是有效的，73%的特岗教师也认为岗前培训是有效的。在后续培训方面，有的设岗县采取结对子的方式，让骨干教师承担起对新教师的"传—帮—带"工作；有的设岗县或乡镇一级有常规的教研活动；有的省份在省级就有专门的针对特岗教师的培训计划，如青海省就有由青海省教育厅主办、陕西师范大学承办的青海省特岗初中骨干教师培训班。

总体来说，目前对于特岗教师的后续培训力度较弱。调研结果显示，60%的特岗教师入职以来最多接受过1次校级以上的培训，近35%的特岗教师入职以来从未接受过校级以上的培训。在回答问卷最后一道开放题"认为'特岗计划'政策还需要哪些改进"时，共计3 109份作答的问卷中有17%的特岗教师提到了要加强培训。可见，特岗教师对于培训非常看重且极为渴求适切的培训。

调研表明，在特岗教师最需要的支持方式中，排在前两位的是"外出学习"以及"教研人员或专家的指导"，"教育技术设备和网络交流平台"也是特岗教师反映较多的。特岗教师最希望接受的培训内容中排在首位的是"课堂教学方法"，第二位的是"教学基本技能"，第三位的是"教育教学理论"。同时，在访谈中我们也发现，特岗教师普遍比较欢迎优秀一线教师作为培训者的培训课程。作为新教师，特岗教师们需要适切的课堂教学指导，亟须提高课堂驾驭能力，因此对于实践教学经验的渴求更为强烈。

考核

考核是综合考察特岗教师工作表现的重要途径，也是入编的重要条件。调研表明，特岗教师最看重的工作业绩考核依据依次有"学生的成绩"、"学生的喜爱程度"以及"各种教育和才艺评比"，而地方教育行政管理人员认为考核特岗教师的主要依据依次有"学生的成绩"、"优秀教师、优质课、才艺等各种评比"以及"家长和社区的认可"这三项。这种差异表明特岗教师有着较新的教学理念，注重学生的感受，而地方教育行政管理人员更在意特岗教师实际的教育教学成效。

调研显示，高达92%的地方教育行政部门期望特岗教师正式转（入）编的考核标准能够尽快出台。20%的特岗教师对于是否能纳入编制依然心中忐忑，能否入编成为特岗教师压力来源中仅次于经济负担的一个因素。

考核办法

考核采取听、查、看、访、测评、座谈等方式进行，县考核小组根据考核成绩，分别按照优秀、合格、基本合格、不合格四个等次，确定服务期满的特岗教师的考核结果。

凡查实属以下四类对象的，考核直接认定为不合格：

1. 有体罚或变相体罚学生造成严重影响等违反师德行为的；

2. 在一年内连续旷工15天，累计旷工30天的；

3. 不服从工作安排，经教育不改，造成对学校、教育主管部门不良影响的；

4. 服务期满的特岗教师在服务期间，有2年所任教学科教学成绩在全乡（镇）学年统考中同级别、同类别排倒数第一名的；

5. 有其他违纪违法行为的。

考核结果的运用

1. 考核为优秀等次的特岗教师，上报县教育行政主管部门表彰，作为今后评先选优、晋级提拔的重要依据之一；

2. 考核为基本合格及以上等次的特岗教师，服务期满本人要求继续留在农村学校任教者，予以留任；

3. 考核定为不合格等次的服务期满的特岗教师，根据有关文件精神解除协议，不再留用。

——节选自《咸宁县教育局2008年服务期满特岗教师留用考核方案》

来源：农村义务教育阶段学校教师特设岗位计划基线调研收集资料

项目启动，同教育部沟通，争取名额，起草相关文件，外出学习借鉴经验（3月初）

特岗教师需求量调研（3月初）

地级市组织所辖县调查所辖农村中小学校学科需求、编制情况，进行需求预调研

↓

省教育厅确定设岗县、确定省级"特岗计划"数额并分配到各县；通过各种媒介进行宣传（4月中下旬）

名单分配综合考虑是否是国贫县、省贫县和县市经济状况、预申报的积极性等因素

← 4月24日，教育部确定河南省国家"特岗计划"名额

↓

省政府召开动员会，教育、财政、人社、编办四部门会签相关文件（5月初）

↓

省教育厅公布报名网站，规定报考条件；考生报名（5月中旬）

考生必须确定报考县、报考学科

↓

省教育厅组织试卷命题、印刷试卷

地级市安排考场、考务人员

→

资格初审，编排考场（5月下旬）

省内应届毕业生初审由高校完成，其他由省教育厅组织

↓

考生通过网站查询笔试成绩

→

笔试、全省统一阅卷、登录成绩（6月中旬）；公布成绩（6月下旬）

↓

体检不合格者面试补录

→

体检、组织面试，资格复审（7月上旬）

↓

确定录取名单，公示（7月中旬）

→

在县教育部门进行，地级市安排面试人员并负责监督

↓

县教育局分配学校

→

岗前培训，教师资格认定（8月上旬）

↓

到录取学校所在县报到，签署协议，上岗（8月下旬）

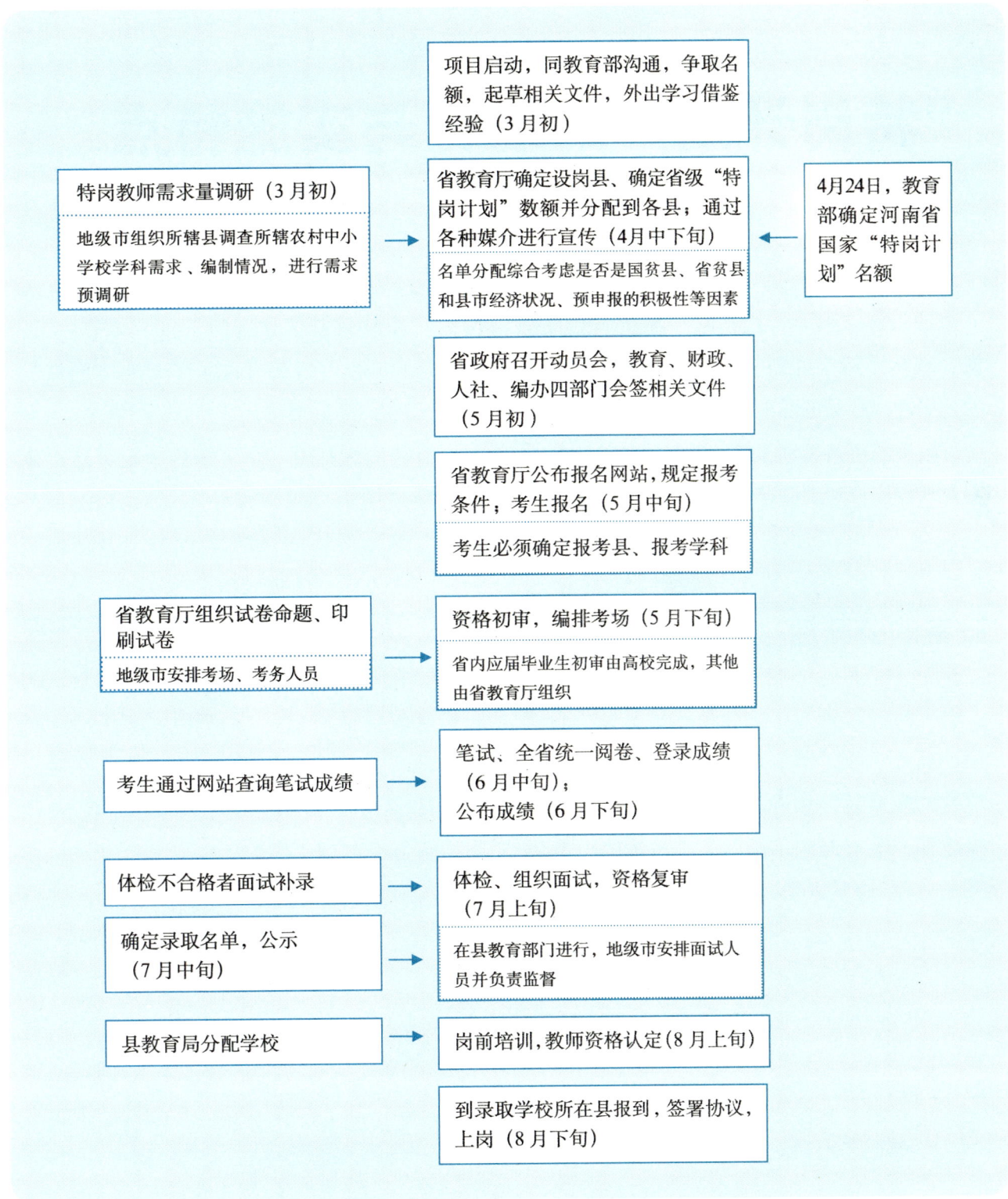

图12　特岗教师招聘时间、程序图（以河南省2009年招考过程为例）

（注：河南省从2009年开始实施"特岗计划"。）

"特岗计划"的设计与实施特点

通过此次调研，结合问卷调查得出的数据，现从"特岗计划"政策的公开性、政策的公平性、政策的瞄准性、政策的后续支持系统、政策的可持续性、政策的风险评估六个方面对"特岗计划"设计与实施特点进行分析。

政策的公开性

"特岗计划"作为一项透明度很高的政策，高等学校、网络媒介和官方网站起到了重要的政策宣传和咨询作用。调研表明，特岗教师"第一时间了解"该项政策的渠道依次为"高校就业信息部门"（33.37%）、"老师和同学"（22.11%）、"官方网站"（12.67%），见图13。

对特岗教师进一步了解该项政策最有效的途径依次为"网络媒介"（21.55%）、"官方网站"（18.58%）以及"老师和同学"（15.97%），见图14。

68%的特岗教师表示"在报考特岗教师时，就清楚地了解'特岗计划'政策"，这说明该政策非常公开且宣传十分有效。同时，地方执行者对政策的知晓程度较高，91%的县级负责人表示"清楚'特岗计划'各方面的政策"。

我们河南师范大学（在宣传"特岗计划"方面）做了两方面的工作：一是通过各种形式在学校内进行宣传，二是培训学校的毕业生，教会他们参加特岗教师考试应该注意的事项等。

信阳师范学院是河南省大学生就业示范学校，应聘特岗教师是学校毕业生的一个重要选择。我们学校一是通过海报、中国移动信息平台等对学生进行宣传，二是对学生参加特岗招考进行强化分类指导，三是加强管理，做好后续工作，建立特岗教师的数据库。

——河南师范大学就业处、信阳师范学院招生就业处负责人
来源：特岗计划政策调研报告座谈会（2011年12月）

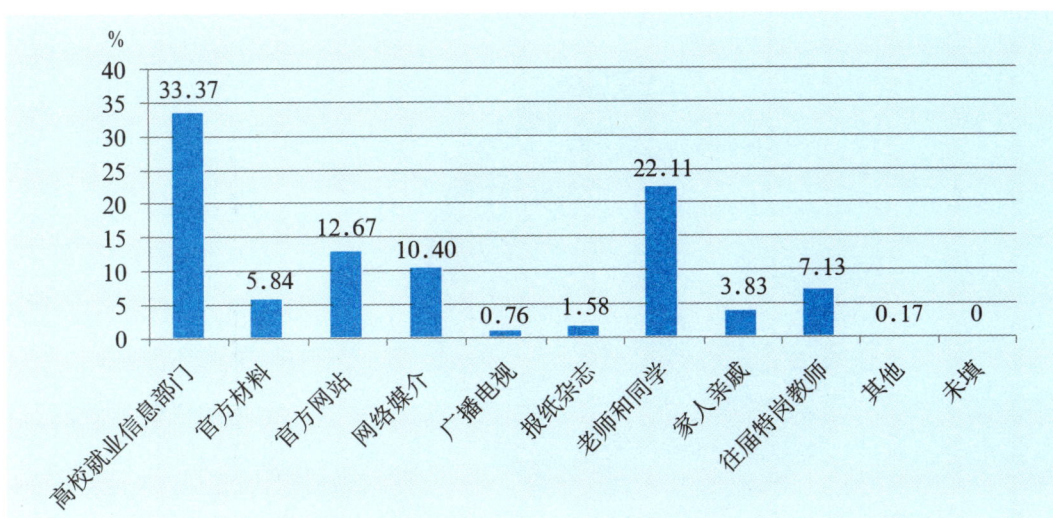

图13 特岗教师第一时间了解"特岗计划"的主要途径分布

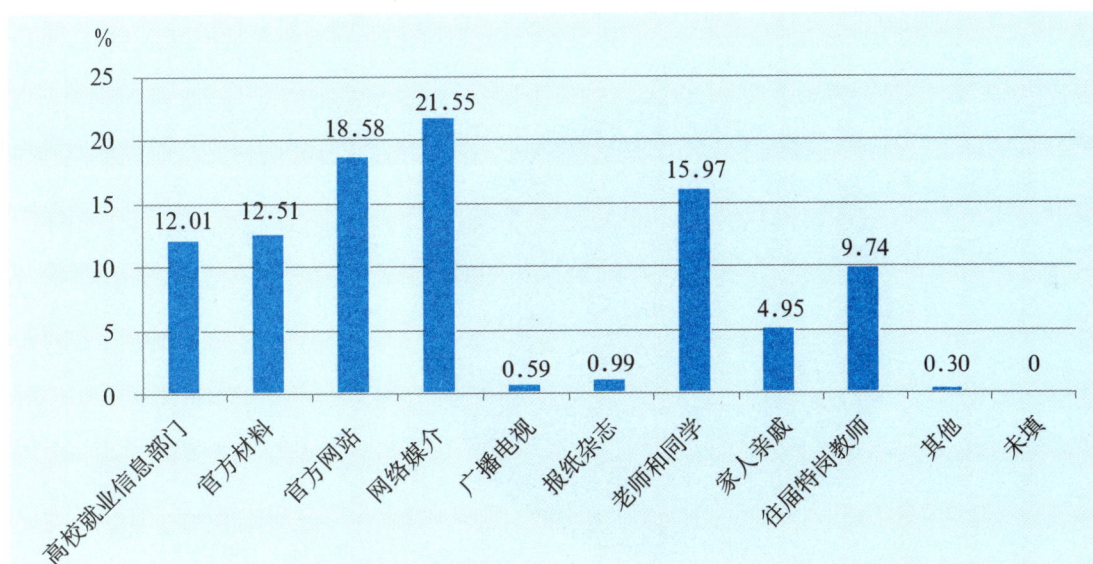

图14 特岗教师认为最有效的了解"特岗计划"的途径分布

政策的公平性

调研显示，68.22%的特岗教师认可"招考过程是公平的"（见图15），这充分说明"特岗计划"这一政策公平性较强；92.11%的县级负责人认为"招考过程是公平的"

（见图16），可见地方教育主管部门对招考公平的认可度更高。

但不可忽视的是仍有近14%的特岗教师并不认同"招考过程是公平的"。在实地调研中也有部分老师反映面试过程中存在不公正现象。

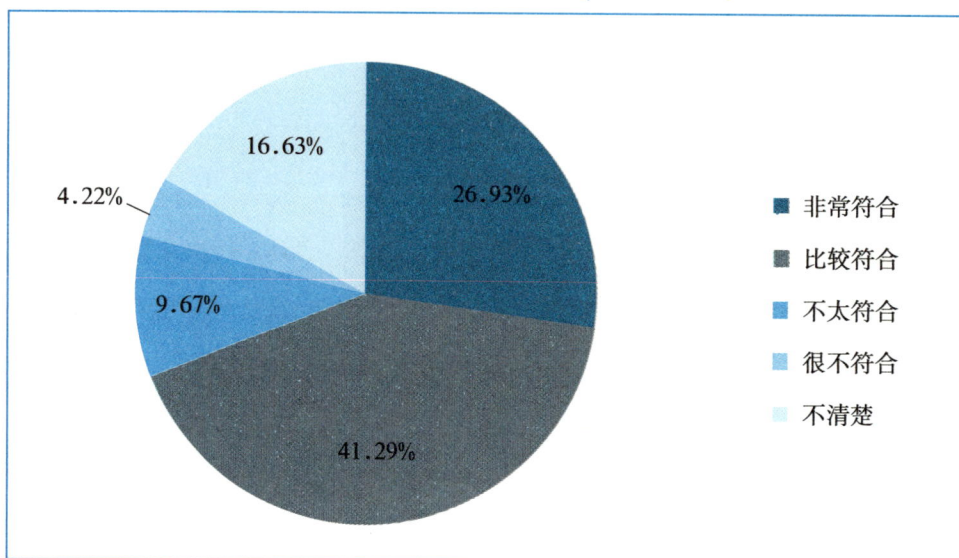

图15 特岗教师对"特岗招考过程是公平的"回答选项百分比

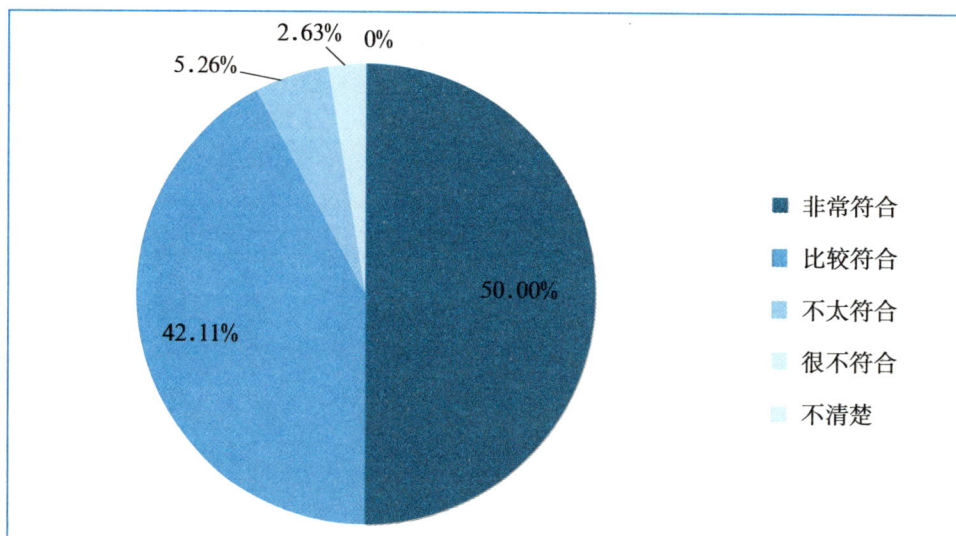

图16 县级负责人对"特岗招考过程是公平的"回答选项百分比

通过整理特岗教师问卷调查的主观题"认为'特岗计划'政策还需要哪些改进"发现，共计3 109份有效的问卷中，只有4%的特岗教师提到公平问题，大多集中在招考、待遇落实领域，这说明虽然部分设岗县可能存在不公平现象，但总体来说，"特岗计划"这一政策实施的整个过程是公平、公正的。

政策的瞄准性

该项政策在全国范围内，以招聘新近毕

业的大学生（含非师范）补充边远地区教师的短缺，从政策的目标人群的瞄准上是非常符合实际的，受到各方利益相关者的好评。在人员质量方面，60%的县级负责人认为特岗教师整体素质不低于县级公开招聘教师（简称"公招教师"或"县招教师"），这说明特岗教师的个人价值得到了教育行政部门一定程度的认可。68%的特岗教师也认同这一观点，这说明特岗教师的自我认同度较高。但仍有35%的县级负责人认为特岗教师的整体素质比不上"公招教师"，这说明在一些地方，特岗教师的个人价值和潜力尚未得到充分认可。

在任教学段方面，2012年以前的中央"特岗计划"规定的实施原则之一为"初中为主，兼顾小学"，所以大多数地区的特岗教师主要集中在初中学段，但事实上小学师资力量更为薄弱。一些设岗县已经开始自觉调整，如贵州威宁5年间招聘了3 616名小学学段的特岗教师，占招聘的特岗教师总数的近55%。2012年中央特岗教师学段方面的安排调整为"初中与小学教师队伍补充协调发展"。

需求学校层级分配方面，在2011年实地调研的10个省份中，特岗教师基本都被安排在县城以下中小学任教，较好地瞄准了师资相对薄弱的农村基础教育领域。以河南省为例，2009、2010两年，"特岗计划"累计为河南乡镇中小学、村小补充师资18 000多名。大约95%的特岗教师都在乡镇及村小教学。

表7　河南省2009—2010年特岗教师城乡分配比例

村　小	乡镇中小学	县城中小学	合　计
1 529	17 219	1 083	19 831
7.71%	86.83%	5.46%	100%

政策的后续支持系统

统计数据表明，70%的特岗教师表示愿意"继续攻读硕士学位"。在实地调研过程中，许多特岗教师都特别关心免试攻读硕士学位这一优惠政策。

在四川等省份的省级访谈过程中，相关负责人和特岗教师特别关注免试读研政策的出台和落实情况。

2011年11月，教育部发布了《教育部办公厅关于做好2011年特岗教师在职攻读教育硕士工作的通知》，规定服务期满特岗教师攻读教育硕士的条件，并公布了具有教育硕士专业学位培养资格的部分高等学校名单。符合条件的特岗教师于2011年12月10日至20日登录"中国学位与研究生教育信息网"进行报名，这一工作已正式启动。

在四川省某中学，访谈之初，刚刚说明来意，该校的7位老师就非常关注免试读研究生能不能落实、什么时候能落实的问题。他们都是本科生，现在都在这所高中任教，对继续深造都有着浓厚的兴趣。他们当初报考特岗教师也是冲着可以免试攻读教育硕士来的。眼看着特岗任期就要结束，盼望有机会免试读研。

——特岗教师访谈（四川）
来源：《"农村义务教育阶段学校教师特设岗位计划"政策调研报告》

政策的可持续性

政策的可持续性包括两层含义，一是指政策带来的成绩的可持续，二是指该政策可连续施行的可续性。在实地调研中的数据显示，35%的县级负责人认同"'特岗计划'长期执行有一些问题"，近42%的特岗教师同样这样认为。这从侧面反映出"特岗计划"这一政策的可持续发展确实面临一些问题，需要及时调整和进一步完善。比如在事权方面，"特岗计划"留给县级教育或人事部门的权限要比之前的招聘小很多，比如省里定下招聘面试比例是1∶1.2，需要招100个人，只能从120个人里面选择。但是这样也减少了地方人情的影响，总体上是有利于公平的。

同时，特岗教师调查问卷反映，选择报考特岗教师的主要原因是"喜欢当老师"以及"为了支援落后地区教育"；而在县级负责人问卷中，教育行政部门认为特岗教师选择报考特岗教师的主要原因是"没有找到其他满意的工作"、"先工作看看，再寻找其他机会"以及"通过这种方式转为正式教师"。

可见，一些县级负责人倾向于从功利的角度来看待大学生报考特岗教师的动机，对于特岗教师的教育理想和个人价值并未有充分的认可。这一点也反映在问卷调查中，一位特岗教师这样写道："领导对待特岗教师的态度有待改善。"

这种群体认知上的差异为"特岗计划"的可持续发展埋下了隐忧，一些地方"特岗计划"相关县级负责人对待特岗教师这一群体存在刻板印象，给特岗教师，特别是外地特岗教师贴上"被淘汰下来的"、"成绩差的"等负面标签，这会在很大程度上影响这些设岗县的县级行政部门对特岗教师的态度，进而影响特岗教师的融入程度和稳定性。

综合以上五个方面，我们可以看到"特岗计划"具有很好的政策瞄准性，对政策涉及的各个要素——目标人群(大学生)、需求(师资队伍短缺与大学生就业困难)、对象(贫困地区、农村中小学)以及资源(中央财力、农村的大学生)——的分析是正确的，设计是科学合理的。同时，实施过程的公开性、公平性也进一步保证了该政策所能取得的预期成效，受到了各方利益相关者的好评。总的来说，该项政策很好地达成了预期目标，产生了良好的社会效果。

来到我们县的大部分特岗教师个人素质都很差，基本没有重点师范大学毕业的，还有很多是非师范专业的。即使是师范专业的，成绩都不是很好的，还是在其他地方就业竞争中被淘汰下来的。除了本地人里面有些是佼佼者，是回到家乡就业的，外地来的90%都是被淘汰下来的。

——某县"特岗计划"负责人
来源：《"农村义务教育阶段学校教师特设岗位计划"政策调研报告》

政策的风险评估

预见政策风险是政策制定和实施的基本环节。目前，"特岗计划"成绩卓著，社会反映良好，更应该预见潜在的风险并加以防范。主要的风险有：

第一，对于师资短缺、县级财政又极其贫乏的县，"特岗计划"就似一个大馅饼，或者给人"久旱逢甘霖"的感觉。在这种情形下，地方都会有一种由过度短缺带来的过度需求，追求多招、快招，由此产生"消化不良"。"消化不良"指的是地方编制以及财政容纳量不足。"特岗计划"意味着中央和地方在教师财政供养上是"3年和30年"的关系，特岗教师转编后交由地方财政供养的30年怎么办？

第二，特岗教师的到来可能会导致基层教师群体中出现一些内部矛盾。年轻而有学历的特岗教师会承担学校里的很多工作，甚至会有相当数量尚未退休的老教师在学校闲置，而全让这群年轻的特岗教师干活，其实这也就造成另外一种资源的浪费，有时甚至会使新老教师之间产生矛盾。

第三，在机制方面，"特岗计划"的实施很可能会削减地方现行的、一直沿用的、能较好地解决县里一定利益集团或者调配人事资源的权力。这也会使一些部门之间产生冲突。过去，凡是事业单位和公务单位招聘都是要公开考试的，而且是人事部门组织公开考试，而"特岗计划"是由教育部门公开考试。考试招聘的权力从人事部门转向教育部门，从基层县上移到省、地级，这些都可能会引发一些事权、财权部门和上下级之间的矛盾。

第四，特岗教师群体可能会面临一些问题。年轻的一代有理想、有追求，当他们回到特别凋敝、荒漠的乡村之后，一些人会有麻木、绝望感。也有些人会产生一种愤怒，虽然过去他们生在农村，但是他们不安现状，看到了中国基层社会的现实的百态，比起原来的乡村代课教师，他们在权利诉求、平等意愿方面会强烈得多。例如，当看到他们教的成绩优秀的学生全都择校离去，当看到有关系的人都调到县城，他们心里会产生不平衡之感。

第五，地方对特岗教师的评价随着时间的推移可能会发生变化。目前政策实施效果显示出的都是积极的。上级财政供养，特岗教师年轻、有活力、漂亮时尚、能干、还没结婚。但是，随着时间的推移，年轻的男女教师结婚、生育，相应的会出现产假、调动、照顾关系、职称评定等压力。这些因素使得县级部门态度发生转变，特岗教师在待遇和诉求方面与地方管理者之间可能会呈现一定的张力。

比较：传统模式与"特岗计划"

招聘层级的差异

1996年，人事部出台了《国家不包分配大专以上毕业生择业暂行办法》，不同地区的师范院校毕业生在之后的几年内陆续不再包分配。自此以后，县级公开招考成为教师准入的主流渠道，人事部门提出"逢进必考"，教师招聘一般由县级人力与社会保障部门负责组织。"特岗计划"由省级部门统一组织考试考核、公开招聘教师的模式，大大提升了教师入口的把关层级，增强了选人用人的公正性。同时教育部门也开始介入教师招聘。

（特岗教师的招聘）有省级政策和文件撑腰，避免了很多不必要的麻烦。第一，笔试是省级统一出题，面试是市级统一安排，面试官都不是本县的，比较规范，避免了找关系的麻烦，现在谁也不用找关系了，凭本事考试。第二，以前，我们引进一个人需要编制部门说有编制，财政部门说有钱，再参加人事部门组织的考试；特岗教师的招聘不一样，我们教育口做计划，县委常委会议通过，人事、编制、财政归县委管，县委常委会议通过的决定，他们只能服从与执行。

——河北省某县教育局局长

来源：《"农村义务教育阶段学校教师特设岗位计划"政策调研报告》

财政负担主体的差异

在财政负担方面，传统的县级公共招考模式由县财政统筹，而"特岗计划"招聘的教师工资则由中央财政设立专项资金，用于特岗教师的工资性支出。2006年，"特岗计划"政策出台时按人均每年1.5万元的工资补助标准与地方财政据实结算，2012年特岗教师年补助标准提高到27 000元/人（西部）、24 000元/人（中部），这在很大程度上缓解了地方财政负担。如果按照2009年的20 540元/人的标准，2006—2011年6年间，贵州省共招收中央特岗教师20 215人，中央财政总共可以为贵州省的地方财政承担约4.2亿元资金。

招聘后的管理差异

"公招教师"和特岗教师的管理存在明显的差异。首先，"公招教师"实行直接入编管理（试岗教师不在其中考虑），而特岗教师实行合同制管理。长期以来，编制是县域内教师补充的最大瓶颈。"特岗计划"解决了农村教师补充当中最大的编制难题，它使得县教育局每年都可以推算出来3年后的编制腾出名额，为农村教育提前3年引进优秀师资创造了条件，为农村优秀教师队伍补充方式的变革提供较大空间。其次，特岗教师的管理和转编受到各方监督，国家、省级、市级均有文件和具体措施监督县级教育部门规范特岗教师的管理，而县级"公招教师"完全由县级全权管理，在县级内部盘根错节的人际关系影响下更容易滋生一些不公平的现象。

特岗教师是全国的应试者都可以来考，来源更广，招来的教师在文凭结构、学科结构、地域分布等各个方面都得到了优化。大江南北的人都来，学校教师的文化结构得到了很好的扩充。以前是封闭式的招考，招录教师的户籍都是威宁。现在"特岗计划"解决了这个问题。各种文化交融很有好处，不仅有利于师生发展，也解决了教师来源单一的问题。

——威宁县教育局相关负责人

来源：《"农村义务教育阶段学校教师特设岗位计划"政策调研报告》

"特岗计划"：贫困农村也可以从全国招聘教师

威宁县原有"公招教师"模式主要面对威宁本县生源，一般都要求有威宁户口，"特岗计划"打破了这一封闭的教师招考模式。国家级特岗和省级特岗面向全国招聘教师，现在威宁县的特岗教师有了来自外省籍的毕业生，如湖南、湖北，甚至黑龙江省籍的毕业生，也有很多是本省外县籍的毕业生，外省、外县籍的占全部特岗教师的近3/4。对此，县教育局有关领导认为这样很好，"解决了农村学校的人才来源问题，保证了农村学校对于教师量上的需要"。

农村教师来源从单一、封闭走向开放和多元，特岗教师扮演了重要的角色，他/她们大都来自外县，甚至外省，在普通话的普及上会起引领作用。同时，不同地域的特岗教师有着不同地域的文化背景，他们融入威宁教育事业的过程也是文化交融的过程，促进了普通话的普及与文化交融。

"特岗计划"：破解边远贫困县教师补充的难题

"特岗计划"虽然由中央财政直接购买中西部农村贫困地区的教师岗位，但是设定了明确的3年期限，是一种典型的代偿和引领机制，它缓解了农村教师补充当中的编制难题，即在不合格的教师没有自然减员、没有空余职位编制的情况下，如何实现师资的更新与优化的难题。虽然"大学生志愿服务西部计划"等志愿服务计划也在编制不足的情况下补充了师资，但在教师队伍的稳定性和专业性方面特岗教师所起的作用无疑是最为显著的。实际上，"特岗计划"通过中央财政专项基金的支持，创造了一个"先进后出"的新机制，为农村教育提前3年引进优秀师资、打造高质而稳定的农村教师队伍创造了条件。

但同时也应该注意，为了避免地方对教师的过度需求，可以将政策的实施时间制定长一些，否则会发生一些地方第一年招聘很多，即使超编也不管，第二年招聘很少，第三年就不招聘了。现在的招聘和需求是不对称的。"特岗计划"应该具有长效性，至少实施10—15年，这样地方就知道每年要招聘多少，可以比较均衡地来按计划招聘，与缺编和自然减员的比例大致对称。政策实施的时间如果太短，就会带来一定的急功近利性。

"特岗计划"：增强选人、用人的公正性

在我国长期"以县为主"的教育管理体制下，教师公开招考一直是由县一级甚至更低层级的地方行政部门负责。"特岗计划"由省级部门统一组织考试、公开招聘教师的模式，提升了教师入口的把关层级，增强了选人用人的公正性，有效避免了县级教师补充工作过程中可能存在的财力、人情、选择面和生源信息等方面的困境。

我的心中一片坦然，没有了以前的浮躁与狂妄，心中充满了对山区的热爱。乡村小路没有城市的喧嚣，没有污浊的空气，没有拥挤的人潮，陪伴我的是宁静的山乡、清新的空气、朴实的生活，如果真的可以让我从头再选择一次，我依然不会后悔、不会回头，我依然欣慰我能成为一名特岗教师，能用自己的知识来灌溉这些花朵，能让我的所学、所知在这片土地上生根发芽。

——四川省巴中市南江县特岗教师　唐美华

我们知道很少有大学毕业生去村小当老师，所以"特岗计划"这个政策很有意义，而且这个政策的生命力特别强大。我们想把它做成农村教师补充的主渠道。特岗教师的故事充分反映了他们奉献农村教育事业、坚守贫寒、不畏艰苦、乐教从教、追求人生价值实现的职业理想。

——教育部教师工作司司长　许涛

4. 特岗教师的工作与生活

- 特岗教师来了
- 教学观念、教学成绩
- 班主任的责任与担当
- 家访，村落中的特岗教师
- 学生眼中的特岗教师
- 生活起居、个人发展
- 压力与挑战

特岗教师来了

2006年以来，威宁全县适龄儿童入学率增加了2个百分点，辍学率降低了2.1个百分点；初中阶段入学率增加了38个百分点，辍学率降低了5.1个百分点，达到了"学生喜欢、家长高兴、学校满意、教育局也满意"的多赢效果。特岗教师担任了大量教学工作。在威宁幺站中学的92名教师中，特岗教师就有67名，占了该校教师总数的72.8%。特岗教师大都专业性强、文化素质较高，有很多新思想、新理念，对于其他公办农村教师教育思想的转变有一定的积极影响。正如该县一位领导所说："没有'特岗计划'这个政策，威宁教育就是要垮掉的教育。"

来源：《"农村义务教育阶段学校教师特设岗位计划"政策调研报告》

2006年以来，平均每年有3—5万名特岗教师分布到全国中西部22个省份的农村教师工作岗位。从踏上讲台那一刻起，特岗教师们实现了人生舞台的时空变换，全新的角色与身份开启了全新的生活与生命经历。

特岗教师的到来如一场及时雨，极大地缓解了农村教师的紧缺局面。如河南省国家级贫困县汝阳县，2008年年底有128名老教师退休，如果没有新教师来补充，50多个班级的孩子就会没有老师，特岗教师的到来为

2009年4月，得知洛阳可招聘特岗教师的消息，兴奋的不仅仅是那些需要老师的校长们，还有汝阳县教育局主管人事的副局长姬姣芬。姬姣芬很快找到县里相关领导，最终有150名特岗教师来到汝阳县。

每一个特岗教师，都被当成了各个县教育局及学校的"香饽饽"，每批的特岗教师在还没有开始招聘前，各个学校都已经开始抢着要。偃师市大口乡中心校的校长宋龙欣用一句诗来形容他们的到来："久旱逢甘霖，润物细无声。"

洛宁县城郊乡第二初级中学的吴松武校长说，以前学校的音乐课和体育课都不能保证正常开设，今年学校来了体育专业毕业的老师，帮学校组织了篮球队；学音乐专业的王微丽老师来到学校以后，让每个班级每天都能传出歌声，五线谱、音乐乐理知识第一次真正走进学生生活。

——据"特岗计划"调研河南组收集资料

他们解了燃眉之急。

从工作内容上看，特岗教师主要担任的是班主任和科任教师的工作，只有极少数特岗教师从事行政方面的工作。特岗教师任教学科以语文、数学和英语三门主课为主，其次是体育、音乐、美术等三门需要专门人才的学科。在任教学段方面，特岗教师主要集中在小学和初中两个阶段，占了90%以上，少数特岗教师担任高中教学任务，极少数特岗教师在幼儿园工作。

调查表明，用每周课时数作为特岗教师工作量的衡量指标进行统计，特岗教师的每周课时数主要集中在11—20个课时，应该说处于正常范围之内。约有一成特岗教师的周课时数为21—25个课时。有个别特岗教师的周课时数大于25个课时，甚至还有极少数特岗教师的周课时数在30个课时以上（见表8）。

根据10省市问卷调查，特岗教师反映课时量较大的分别是在以下几个地方：山西左权、和顺、浑源，江西兴国，贵州威宁，云南龙陵、麻栗坡、施甸，甘肃会宁。

表8 特岗教师的每周课时数

周课时数	1—5	6—10	11—15	16—20	21—25	26—30	31—35	36及以上
人　数	26	278	1512	1476	446	178	47	25
比例(%)	0.63	6.76	36.76	35.89	10.84	4.33	1.14	0.61

（河南省永城市）从教学目标的达成、学习条件创设、学习指导与教学调控、学生活动、课堂气氛、教学效果、教学基本功、教学特色与创新八个方面对特岗教师的教学情况进行综合评定，优秀率达到43.10%，其余均为良好。

——据"特岗计划"调研河南组收集数据

2009年中考，我收获了上岗后的第一批"果实"。全校4个教学班，共有26人考入市重点高中，我班就有8名同学，并且有16名同学考入第四中学，参加中考的同学全都中榜了。同学们自发组织了一个欢庆会，他们把一束束鲜花举簇在我周围……

——"我的特岗故事"征文摘录（黑龙江）

河南省2009、2010两年共招聘特岗教师19 831人，22（含）岁以下的有4 880人，22—25岁的教师总人数为11 419人，25（含）岁以下教师占到总数的82.22%。这一大批特岗教师及时补充到教师队伍中，使得河南省农村教师队伍的年龄结构明显趋于年轻化。

来源：《"农村义务教育阶段学校教师特设岗位计划"政策调研报告》

教学观念、教学成绩

入职后两三个月，我已经与全班同学建立了友好的师生关系；第二年，我被提拔为完小的校长；第三年，我被调到乡中心完小，在这里我和爱人相遇相恋并在老乡的祝福声中举行了婚礼；第四年，我被提拔为乡中心完小教导主任。六年后的我，依然在边疆，但我无怨无悔。

——"我的特岗故事"征文摘录（云南）

教学：理念与现实

特岗教师在工作中遇到的困难千差万别，但班级管理、教育问题学生、提高学习成绩是很多特岗教师面临的主要困难，实际上特岗教师的教学观念正体现在如何处理农村学校教育问题的过程当中。

全校96名学生全部归我管理，我决心改变传统的"放羊式"教学，在任职体育教师期间，经过自我努力和同事的指导与配合，我校的体育课逐渐形成系统，有了独特的风格。在情感、技能、认知三方面完全渗透，我们的目标就是让每一个学生都有一项自己擅长的技能。

——"我的特岗故事"征文摘录（吉林）

班上"单亲儿童"很多，他们从小就经历父母离异或者意外死亡，更多的孩子是和爷爷奶奶一起生活，缺少父母亲的关爱，所以言行举止和普通的孩子不同。这些孩子有的溺爱成性、性格孤僻，有的自甘堕落，要管理好这个班，难度很大。第一次当班主任的我，更觉责任重大。

——"我的特岗故事"征文摘录（山西）

我根据学生对知识的掌握情况，把学生分为A、B、C、D几个层次，按不同的要求给学生布置作业，巩固学困生的基础知识，发掘成绩优异生的潜力。同时，将家庭作业、课堂作业、课外辅导作业分开，分批交由不同层次学生自行批改，也会不定时地让学生上台来当小老师，进行讲解提问的游戏。

——"我的特岗故事"征文摘录（四川）

2009年我担任小学一（2）班的班主任兼语文老师。57人中，就有4个学生存在先天性身体缺陷，剩余的大部分为留守儿童。留守儿童难教导，特殊儿童更难教导……一开始我觉得有些束手无策，但心里一次次地对自己说："一定要把他们引导好！"于是，一有时间我就和他们交流思想，进行心理疏导；同时上网查询矫正资料，撰写矫正日记，针对4个表现不一的孩子分别制订出了4套不同的心理矫正方案。或许真的是应了那句俗话："功夫不负有心人。"通过自己一个多月的努力，4个孩子都变得较入学前听话了许多，上课纪律明显好转，课余与其他同学吵嘴、打架现象也明显减少，同学们也乐意与他们交流相处了。

　　在教学观方面，调查组设置了3道题目来了解特岗教师的性别平等观念、全纳教育理念和教育评价观念，对应的题目分别是：

　　①是否认为男女生的学习成绩有差异是天生的；

　　②是否认为在教育教学中，照顾到所有学生是不现实的；

　　③是否认为公布学生考试排名是激励学生的有效手段。

　　再对这3道题目均采用四点计分，根据得分高低来了解特岗教师的教学观念，调查结果见表9。

　　从表9的数据中可以看出，近80%的特岗教师都不认同"男女生的学习成绩有差异是天生的"，说明多数特岗教师具有较强的性别平等观念；约53%的特岗教师认为"在教育教学中，照顾到所有学生是不现实的"，说明这部分教师尚未完全认同新课改和全纳教育的理念；超过一半的特岗教师认为"公布学生考试排名是激励学生的有效手段"。

表9　特岗教师的教学观

	男女生的学习成绩有差异是天生的		在教育教学中，照顾到所有学生是不现实的		公布学生考试排名是激励学生的有效手段	
	人　数	比例（%）	人　数	比例（%）	人　数	比例（%）
同意	109	2.65	455	11.06	379	9.21
较同意	418	10.16	1 728	42.01	1 700	41.33
较不同意	1 605	39.02	1 253	30.46	1 269	30.85
不同意	1 647	40.04	395	9.60	387	9.41
未填	334	8.12	282	6.86	378	9.19

我们从特岗教师是否"喜欢尝试不同的教学方法"以及是否"了解新课程理念"两个方面来了解特岗教师的教育观念和行为，见表10。

表10 特岗教师的教学行为

	喜欢尝试不同的教学方法		了解新课程理念	
	人 数	比例（%）	人 数	比例（%）
很不符合	103	2.50	72	1.75
不太符合	329	8.00	270	6.56
比较符合	2 354	57.23	2271	55.22
非常符合	1 183	28.76	871	21.18
未 填	144	3.50	629	15.29

可以看出，大部分（约86%）特岗教师都喜欢或者很喜欢在教学中尝试不同的教学方法，约76%的特岗教师认为自己"了解"或者"很了解"新课程理念。

总结问卷统计结果发现，在特岗教师的教育教学观念中，性别平等意识普遍较强，但全纳教育理念则相对较弱。特岗教师可以在教学之外的其他领域得到关于性别平等的知识观念，例如优生优育宣传工作在农村就比较普遍；但是关于照顾全体学生、不能公布考试排名等的观点却必须通过专门的培养和培训才能获得。建议在今后特岗教师培训工作当中，增加全纳教育、教育评价方面的培训内容。

行动，改进，收获

对特岗教师来说，提高学生的成绩无疑是其工作的重点和难点。特岗教师学历高，

知识结构较为合理。但其从教的地点多数是农村薄弱学校，长期以来存在的教师教学水平较低、教学环境封闭的现实使得学生的学业水平低下。在这样的困境下，考验特岗教

由于当地没有学前教育，师资也很紧缺，请当地人代低年级的课，学生没有扎实的基础，我们三年级的接棒教育（家校合作教育学生）进行得异常困难。第二天检查作业，几乎一半的学生没有完成。大部分学生的基础相当差……记得有一次考试，收上试卷来发现有些学生试卷的学号栏填写的是"南京"，姓名栏填写的是"斑马"，真是让人又好笑又无奈……

——"我的特岗故事"征文摘录（贵州）

有学生入学不久，就借口学不会而逃学，父母的打骂于事无补，即便送来，不过几天又逃离。……一些孩子用稚嫩的笔迹写道："我的成绩一般般，我只要维持好就行了，这样的成绩到初三能毕业就成，我又不打算读高中，等毕业了，我就去打工……"

——"我的特岗故事"征文摘录（河南）

师的首先并不是如何实践各式"现代教育理念"，正像很多特岗教师说的："教学面临的第一件事，是怎么引导孩子养成好的习惯，怎么转变他们的观念。"

> 对于学生对学习的冷漠，我总是在我的课堂上贯穿各门功课的知识点，以此向他们宣战；我给他们讲述我在大学生活中了解到的奇闻趣事，给他们看风景如画的校园、设备齐全的实验室，给他们看电影中的贫民小孩突破自我、创造奇迹；我和他们一起唱，"我和你一样，一样的坚强，一样的全力以赴追逐我的梦想"；我给他们看不出国门、看遍世界的世博会，引得他们羡慕不已，以此增强他们对学习的积极性和对生活的热情，以此告诉他们大好天地任我闯荡，行万里路，读万卷书，才不枉此生。
>
> ——"我的特岗故事"征文摘录（湖北）

"特岗计划"的施行正赶上我国城乡二元社会的加剧形成以及乡村日益空漠化的时期，尤其是最近十几年来，农村学校教学质量的低下以及当前社会中广泛流行的"读书无用论"对农村孩子读书的信心和兴趣打击很大。很多学生家长不关心孩子学习，学生自己对学习也失去了信心。特岗教师们首先从改变学生的学习观念开始，树立学生学习的自信心。勤奋、善良的特岗教师用行动逐渐赢得学生的认可，通过持之以恒的努力逐渐扭转了学生成绩极度落后的情况。

为了改变所任教学校学生的学习现状，他们分析学生的状况，加强与学生的沟通交流，努力融入学生，并向老教师请教经验，尝试各种教学方法，同时也不断地反省自身，只是希望学生能有所收获和提高，只是希望自己的价值能够得到体现。

> 我住在学校为我们租的民房里，虽然条件艰苦了点，但这样有更多的时间接触学生，有更多的机会与家长沟通，有更多的精力提高自己。除每天早读、晚自习、周末及寒假进行辅导外，我还克服种种困难，坚持家访，每学年家访面达80%以上。在"两基"控辍保学工作中，我所任教的班级学额巩固率达100%。2007年秋季学期以来，我还主动请缨，担任两个班的班主任。我所任教的班级，学生语文学科成绩在期末学科统考中均分、及格率、优秀率一直保持全镇前3名。2007年上海某公司以4 000多元的月薪来聘请我，我没有动心；一所私立中学用优越的条件聘我，我也没有起程。我深深地知道：这里的孩子更需要我……
>
> ——"我的特岗故事"征文摘录（贵州）

为了提高学生们学习英语的兴趣，我六年来一直在探索合适的教学方法。在学1—100的数字时，为了避免枯燥无味，我从钱包里拿出各种面额的钞票，学生们看到钞票都睁亮了双眼，兴奋地跟着我一起读着数字。在上怎样制作香蕉奶昔这一课时，我把搅拌机、香蕉、牛奶这些材料全都搬进课堂，我系着围裙，一边做奶昔，一边教单词和句型，美美地过了一把厨师瘾。学生们喝着奶昔，练着句型，很快就能熟练地运用了。下课了，一个同学高兴地对我说："老师，我们都很喜欢上你的英语课，每天都在盼着你会给我们意想不到的惊喜。"

——"我的特岗故事"征文摘录（四川）

我的一个学生在作业上写道："过去，我在初小学校里一直是第一名，可到大一点的学校读书，我的成绩直线下滑，不知道什么时候才能把成绩补上去呢？我的希望如肥皂泡一样破裂了。"我在作业后面批语："你没有失败，你仅仅是在向目标奋斗的路上跌了一跤而已。别停下，爬起来继续向前走，一定会达到你既定目标的。相信我，每一次成功都是由无数次失败铺垫而成的，通过你的努力，你会考出第一名的好成绩。"另一个同学写道："老师，本来我就学习差，还谈什么理想？失败总是紧紧地伴随着我，而成功却与我无缘，我是一个又笨又丑的学生。"我在批语中写道："成功不是与你无缘，只不过是你的目标太大了。请记住，没经历过失败而取得的成功是廉价的，而廉价的成功是无意义的，只有经历过失败之后所取得的成功才有喜悦可言。你很聪明，只是没有把聪明用在学习上罢了。"

——"我的特岗故事"征文摘录（陕西）

刚开始教书的时候，由于用的是常规的教学方式，结果第一周的教学很失败。慢慢地，我发现学生对学习不感兴趣，更不用提英语了。于是我根据民族学生喜爱唱歌的特点，开始给学生教唱英文歌，用唱歌的方式来带动学生学习英语的兴趣。想不到，这一招果然有效，一首首动听的欧美金曲勾起了学生对学习英语的兴趣，学生们听得很认真，一节课就教会了一首歌。第二天，没等我进教室，学生们已早早地坐在教室里等我了。大家都异口同声地问我今天要教什么歌。看着学生们期待的目光，我考验了一下他们，看他们是否还能完整地唱出昨天所教的歌。结果让我很满意，大多数学生都能唱，甚至还有学生能够把歌词准确无误地写出来，着实让我吃惊，又兴奋。在课后我就更加得忙碌了，我不断地在网上搜一些适合学生学的歌，于是我的英语课就改成了音乐课，渐渐地，学生就喜欢上了英语课。

——"我的特岗故事"征文摘录（云南）

那天，一个坐在后排的调皮学生突然跟我说："老师，我决定好好上课学习了。"我问："为什么呢？"他回答："因为看着你进我们教室心情不好时我们心情也不好，很想让你开开心心地给我们上课。"这些感动我从未表达，只因任何词句对这份真挚的感情的描绘都会显得黯然失色。正是对他们的牵挂让我选择了坚持，也正是这平凡而富有挑战的特岗生活，让我学会了面对失败，它也丰富了我的思想。

——"我的特岗故事"征文摘录（四川）

2006年8月，我成为一名特岗体育老师……我诚恳地向老教师请教经验，研究适合农村学生的教学方法和教学内容。渐渐地，学生们喜欢上了这门"辛苦"的体育课，也喜欢上我这个认真负责的体育老师……

——"我的特岗故事"征文摘录（广西）

张娅是我曾经教过的一个六年级学生，父母离异，她跟着奶奶生活。由于先天弱智，后天教育又跟不上，她在班上是不讨人喜欢的角色。我没有歧视她，而是主动从生活、学习上关心帮助她，让同学们主动跟她交朋友。经过一段时间的努力，她在学习上取得了很大的进步，每逢见了我都要"老师、老师"地喊个不停，我不让她叫，她憨憨地笑着说："我要叫您一万次老师。"我听了心里很是感动。美丽的花儿总是有人欣赏，而墙角的小草更需要阳光的照耀。

——"我的特岗故事"征文摘录（贵州）

来到学校的第二个学期，我做了一个大胆的决定：在我们学校成立一支健美操队。本以为大家都会很支持我，可得来的却是一瓢瓢冷水，很多教师都劝我说："不要搞些什么'新花样'，农村的孩子不懂这些，也没有人想学的。""有时间去教他们健美操，还不如让他们多背两篇课文好，你们体育老师没事就不要瞎折腾了，年轻教师都是三分钟热情的……"为什么城里的学校能有那么多的兴趣小组，农村学校就不能有自己的健美操队？体育老师怎么了？体育老师就不能做出一番成绩？体育老师就是没事折腾？……时间慢慢地过去了，不知什么时候开始，舞蹈室外面的学生多了起来，原来他们是被健美操的音乐吸引过来的。窗外的人越来越多，有些胆子大点的学生还直接问我："老师，我也想学健美操，可不可以跟着他们学啊？"我笑着说："当然可以啊！"队伍的壮大让我的信心直线上升，每天的训练都乐在其中，学生们跳得也越来越好了。这时我们学校有位女教师跟我建议，说："可以搞一个教师的健身队啊！"我很开心地答应了。

——"我的特岗故事"征文摘录（湖南）

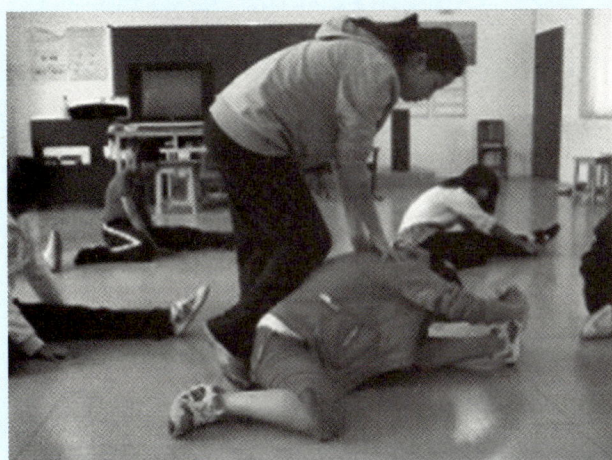

图17 学校第一次有了自己的健美操队

时宏任教于贵州省黄平县重安镇五福小学，她在成为特岗教师之前，是一名有16年教学经验的代课教师，她也是这里的第一位特岗教师。她接手的班级的学生成绩连年在全镇10所小学中倒数第一，是出了名的"不好管"班级。她到班上的第一堂课，便遭遇了班上调皮学生的恶作剧。学生成绩差、调皮捣蛋无心学习，这一切并没有让她退缩和放弃，她相信"没有爱，就没有教育"。她结合自己丰富的教学经验，采取各种方式，耐心地教学，在一学期的坚持和努力后，她所在的班级学生期末考试语文、数学全

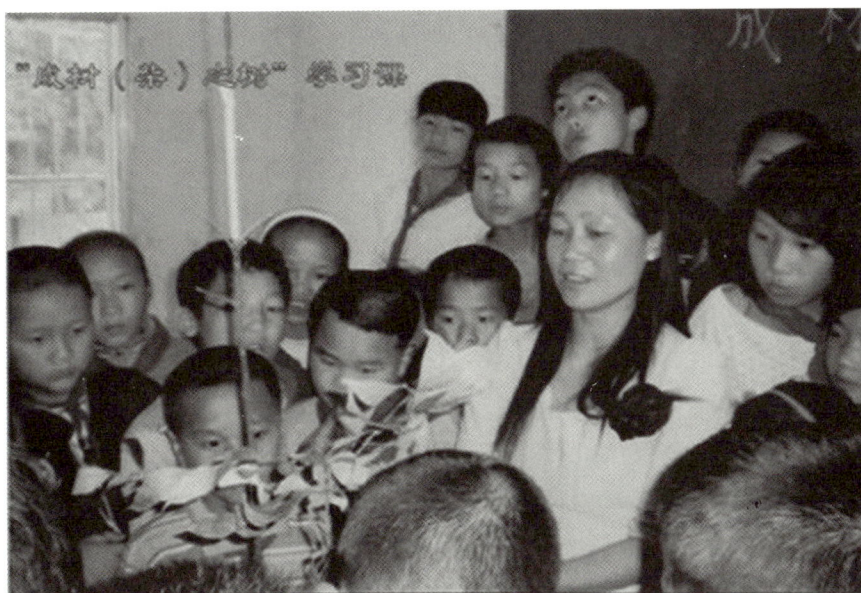

图18 特岗教师时宏在给学生讲课

班均分分别从上学期的24.5分和25分提高到76.5分和70.5分，位列全镇10所小学第四、第五，终于摘掉了连年全镇倒数第一的帽子。

物质条件的贫乏和工作中的压力与困难并没有让这群执著的年轻教师们退缩，他们选择爱、选择坚守、选择担当。这对于他们而言，是一种磨炼，同时也是一种责任；是孩子们眼中的渴盼，也是农村教育的希望。

授课水平：基于对课堂视频的分析

项目组邀请北京师范大学一些知名教育专家对基线调研录制的特岗教师教学视频进行了分析。根据《基础教育课程改革纲要》《全日制义务教育课程标准》《普通高中课程改革方案》及相关教育学、心理学等理论，参考相关课堂教学评价标准制定了《特岗教师课堂教学质量评价标准》，对特岗教师的课堂教学进行了评分。评分结果见表11：

表11　特岗教师教学效果评分表

评分项目	满分	评分
教学目标	10	8
教学内容	10	8
教学过程	15	13
教学方法	30	23
教学效果	20	16
教师素质	15	12
总分	100	82

总体来说，通过视频分析，14节特岗教师的课堂教学质量总体得分为82分（满分为100分）。大多数特岗教师上课仪态亲切、自然；普通话标准，教学语言准确、简洁、生动，能够利用自己优美的语言引导学生展开丰富的想象。与本地农村教师相比，特岗教师的优势除了年轻、富有活力外，还有知识面广、对教育技术（多媒体）掌握娴熟、制作的课件美观且信息丰富等优点。作为一群正在成长的新教师，特岗教师的整体课堂教学质量无疑是值得肯定的。

班主任的责任与担当

调研显示，超过41%的特岗教师既是科任教师，又担任班主任工作。班主任与科任教师不同，如果说教育是成年教师和父母与年幼学生之间的交往过程，那么这种交往过程，不管是教师和家长之间还是教师和学生之间，主要是通过班主任来组织和完成的。

在特岗教师中，曹瑾是优秀的代表。曹瑾生前系重庆市巫山县平河小学特岗教师。2010年大学毕业后，她主动放弃在城市工作的机会，作为"特岗教师"到大山深处的平河小学任教。她对工作高度负责，勇挑重担，不仅担任班主任，还承担数学课的教学工作，把全部精力和心血用在了教育教学工作上。她对学生充满关爱，班上34名学生中有27名是留守儿童，她经常和孩子们谈心交流，被孩子们称为"知心姐姐"，深受学生爱戴。2011年4月，曹瑾感觉身体不适，为了不影响学生的学习，她带病坚持工作直到学生毕业，后到医院检查，确诊为恶性淋巴瘤晚期。面对病魔，她始终保持乐观向上的精神风貌，时刻关心学校和学生，还公布了捐献器官的遗愿，对社会充满感恩。因病情严重，曹瑾同志于2011年8月26日不幸去世。为表彰先进，树立典范，弘扬正气，2011年11月经教育部决定，追授曹瑾同志"全国优秀教师"荣誉称号。

已经持续数年的打工潮，让许多乡村的孩子变成了"留守儿童"，父母一方或双方外出打工，儿童得到父母的关照正在减少，问题儿童不断增多，忙于生计的父母无暇和教师进行交流。乡村教师们作为与学生最亲密接触的人，越来越多地承担起替代父母的角色，利用休息时间去学生家走访成为无数班主任特岗教师的重要工作内容。

她叫冯协，河南省新野县沙堰镇丁庄村人，2010年21岁当上特岗教师。2010年9月17日的下午，学生放学比较早，冯老师决定到学生家里进行家访。当走到距离学校2公里一个名叫"十步河"的地方时，突然听到一声"老师救命"的呼喊，是班里的男生陈斌到河边洗脚，不慎掉入河中。冯协一看，远处的陈斌正在河水中挣扎！她赶紧跑了过去，二话没说，就跳进河水中营救。她奋力将陈斌推向岸边，自己却慢慢沉入水中……截至那天，她执教仅仅18天。

来源：河南"特岗计划"调研收集数据

我是数学老师，也是班主任。我班上的学生全部是彝族学生，他们当中有些小学都没上，直接读初中，学生刚开始汉语都不会说。很多学生家境不好，家里忙不开的时候，部分都要回家帮忙，摘菜叶、打竹笋等来补贴家用。我认为要改变这种状况，必须要能与学生交流，要先改变他们的想法。我努力去学彝语，周末的时候去家访了解学生家里面的状况……

——"我的特岗故事"征文摘录（四川）

我的教学对象是农村里的学生，他们的知识面很窄，所以授课时遇到了不少困难。为了让他们获得更多的知识，我厚着脸皮向家里要了6 000元钱，买回来一台笔记本电脑。当我的学生看到后，他们激动了，但是我哭了——不是为了心疼钱，而是看到他们那一双双充满渴望的眼睛，山区的孩子太需要人来帮助了！

——"我的特岗故事"征文摘录（山西）

班里有个学生从小就习惯性每晚流鼻血。那天晚上他的老毛病又犯了。已经是深夜一两点了，管理员打来电话说我们班的那位同学流血不止几乎昏倒。我跑到学生公寓，一直思考着怎么办，这深更半夜的惊扰谁都不好，但是这孩子又流血不止。情急之下我背起这位学生向附近一家诊所跑去。不知哪来的勇气，此时我不怕黑了，以我的小身板居然把孩子背到了诊所。诊所门紧关着，脑袋里又是一连串的"怎么办"。我撕破了嗓子地喊呀，终于医生开了门。孩子的鼻血止住了，他望着我轻轻地说："赵老师，谢谢。"简单的几个字使我顿时热泪盈眶。此时，我感觉孩子们在我心中是多么的重要！

——"我的特岗故事"征文摘录（四川）

家访，村落中的特岗教师

与学生、家长建立一种亲密的关系，对教学效果的提高具有重要的意义。家访，是其中的重要途径之一。特岗教师在乡村学校的家访使他们接触到了具体情境中学生的生活样态，增进了师生的情谊，并建立起了亲情般的亲密关系。通过家访，特岗教师间接地参与了农村的村落社区生活，在中国的农村日益空漠化的大背景下，特岗教师"代替父母的身份"给脆弱的儿童带去了无限的温暖，也为乡村带来了活力。

好学生永远是教师的财富，每个特岗教师都期盼能分到优秀的学生。面对问题学生，多数教师都抱怨过，不理解过，但当他们试着去走近这些问题重重的农村孩子时，不管原初的动机是什么，他们追求或期盼获得的往往超出了"职业"的范畴，被置于一种更深远的意义里：就"像父母一样去爱学生"。

2008年11月14日，我开始了第一次家访。徒步7个小时，双脚磨出了血泡，到达了距离学校最远的村落——白马大石村花皮组。夜幕下，昏暗的灯火散落在一片洼地的周围，有种凄凉和悲壮……近四年来，50多个学生家庭的家访经历、18次跋山涉水的白马之行让我感慨良多。后来，当我把这些生活在底层的山民用文字和照片在网络发表后，学生阮慧和陈增英得到了600元的网友资助，白马的刘涛和陈霞得到了暂时的医疗救助。陕西商南的网友王攀、陕西商洛学院张红霞老师、西安同学姜黎黎、在苏州打工的老乡、广东网友……他们的慰问和捐赠源源不断地来到杨地中学。51名贫困学生、孤儿和单亲家庭学生先后得到285件衣物和近3000元的爱心捐款……

——"我的特岗故事"征文摘录（陕西）

班上有一个男孩，到处打架滋事。我去了这个男生的家，简陋的房舍，只有身形萎缩的奶奶在干家务活，爷爷在县城当挑夫。见着我，他的奶奶就开始絮叨家中的酸楚。男孩的父亲在大城市包工地，其实是有收益的，奈何却找了个年轻女子另组家庭并已经孕有一子。男孩的母亲伤心之余远嫁他乡，男孩找亲生父亲要钱从来只能换回一顿辱骂。我开始关心男孩泡哪些网吧，爱打哪些游戏，在他被其他老师训时安慰他，教他慢慢从头开始学习。他逐渐开始用柔和的语气和爷爷奶奶说话，并试着放下身段为他们出力。第二个暑假，在我的鼓励下，他鼓起勇气去了父亲所在的城市，他想印证一下是否父亲其实也过得不容易，是否值得原谅。我特意为他买好了所有的车票，安排好接应，一直忐忑地等待着。他回来不久，他的父亲来了电话，有些尴尬地表示想给儿子支付体育训练的费用，并让我帮忙给找个教练。我当然欣然应许。人人都说他脱胎换骨了，干净明朗了。他在体育上显露出了过人天赋，后来被重点中学特招了。

——"我的特岗故事"征文摘录（四川）

一次班里一名学生没有来上课，于是我去家访。一路上全是沟沟坎坎，跋山涉水走了2个多小时到达学生家里。这时我的脚早已磨起了血泡，心已凉了半截，心想我大学毕业来吃这样的苦是为了什么？难道我的人生就在这里成为"终点"了吗？这时我再次掉下了伤心的泪水。当学生家长看见我走路一瘸一拐的时候二话没说就进了"还算是屋子"的屋子里，一会出来了，但手里多了一枚缝衣针，边走边说："闺女，平常没有怎么走过路吧，来，我给你将血泡挑开，这样明天就好了。"说着已经将我的脚抬了起来，脱下了我的鞋和袜子，认真地挑起来。这时我心里真是像打翻了的五味瓶，不知道该说什么才好。那晚我没有回学校去，就在学生家里的稻草上睡得很香很香……第二天回学校时，并没有感觉到路途的遥远，疼痛的双脚也没有了昨天的难忍……

——"我的特岗故事"征文摘录（贵州）

好心总会有好报，在做家访的时候，热情的、知情的百姓会把自己酿的酒拿出来招待我们老师，他们能感受到老师的辛苦与用心，这让我无比欣慰。这里的百姓是淳朴的，虽然他们中的有些人不会说普通话，但总是那么亲切。我学到了很多知识，怎么和老百姓做工作，怎么说一些简单的少数民族语言，怎么去感受当地的民族风情。

——"我的特岗故事"征文摘录（云南）

学生眼中的特岗教师

特岗教师年轻、有活力，很容易和孩子们打成一片；在穿着打扮、谈吐气质上特岗教师都对孩子们构成强烈的吸引力。他们掌握了充满时代气息的科学文化知识，在教学活动中，更容易满足孩子们对新知识和未知世界的渴求。此外，当下农村外出务工人员较多，特岗教师任教的学校中留守儿童普遍存在。调研中了解到，很多特岗教师自身也曾是留守儿童。这些情况都让我们追问，对中国空漠化的乡村以及农村的儿童来说，特岗教师回乡任教对农村孩子意味着什么？他们会建立怎样的关系？

他在《给老师的一封信》中写道："陶老师，你对我们实在是太好了，你关心我们，鼓励我们，不管多冷都会守着我们做作业，就像我的妈妈一样慈爱……"看到他的话，我心里真是又喜又忧（为这些留守儿童而忧）。

有一次我生病了，学生们来我的寝室看我，每张脸上都写满了担忧，他们为我折了各式各样的千纸鹤："老师，祝你早日康复"，"老师，这几天你好好休息，也不用去提水，我们会帮你的"……

—— "我的特岗故事"征文摘录（重庆）

新的老师走了，又来了一个老师，大家感觉乐趣都没有了……讲经的人也带给了大家快乐，可那远远超不过你给我们带来的快乐，你在教书的同时还加进了游戏，这让我们学习得很快乐。

一位小学毕业生写给特岗教师的信
—— "我的特岗故事"征文摘录（青海）

访谈者：她跟其他老师有什么不一样吗？
学　生：上课时让我们先唱歌，放松心情。她很幽默，上课时我们打瞌睡的话，她会给我们讲笑话。
学　生：她和我们之间的距离比我们和其他老师之间的距离小。
访谈者：别的老师有什么不一样？
学　生：别的老师比较严肃。

访谈者：怕别的老师吗？

学　生：怕，敬畏。

访谈者：那与之对应的，用什么词形容邵老师呢？

学　生：吸引力。

访谈者：什么东西产生吸引力？

学　生：微笑。上课时我们跟着她的思路走，不容易睡觉。行为比较亲切，具体说不出来。她经常在课外辅导我们。我们学习上能融入她的思路，学起来比较轻松。

访谈者：比如今天讲的罗斯福新政，你们听完以后有什么感触？

学　生：比较容易接受。

访谈者：为什么？

学　生：老师讲得比较清晰，比喻生动，贴近我们，在介绍罗斯福的时候，不仅讲课本上的，还讲罗斯福的人格魅力，从思想精神上教育我们，在生活上鼓励我们积极向上。她不仅是为讲历史课而讲历史，而是教我们以后怎样面对人生以及挫折，以这种精神鼓励我们。

——访谈特岗教师所教学生（青海）

来源：《"农村义务教育阶段学校教师特设岗位计划"政策调研报告》（青海省分报告）

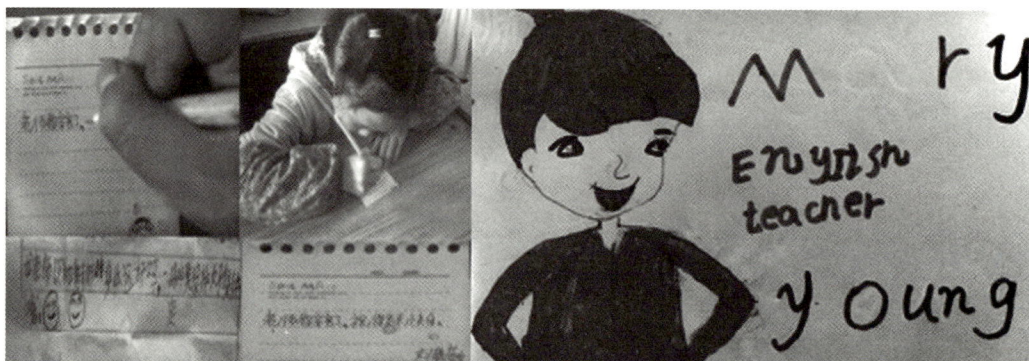

图19　学生写给老师的信件、学生给老师画的像

生活起居、个人发展

特岗教师的工作条件是艰苦的，在工资待遇、住房条件、融入当地社区生活、获取支持方面仍然存在很多的困难。问卷调查显示，超过60%的特岗教师对住房和工资待遇不满意（见表12）。在解决住房问题上，接近60%的特岗教师居住在学校免费提供的住房内，但同时也有20%多的特岗教师"自费在校外租房"，9.80%的特岗教师由学校优惠提供住房，还有8.22%的特岗教师是住在家里（包括亲戚家），见图20。可以从问卷调查的结果看出教师对其工作的经济理性认识。但从基层教师的成长过程来看，对其影响更大的是其社会关系性的存在（如师生关系的建立、村落 对特岗教师的接纳与期待等）对其使命感、自我认同感的塑造或强化。从任教时初次的感动，到欣赏孩子的成长，在理想与现实的撞击中，从城市大学而来的他们逐渐洗净铅华，一心一意地沉浸于全新的理想诠释与行动之中。

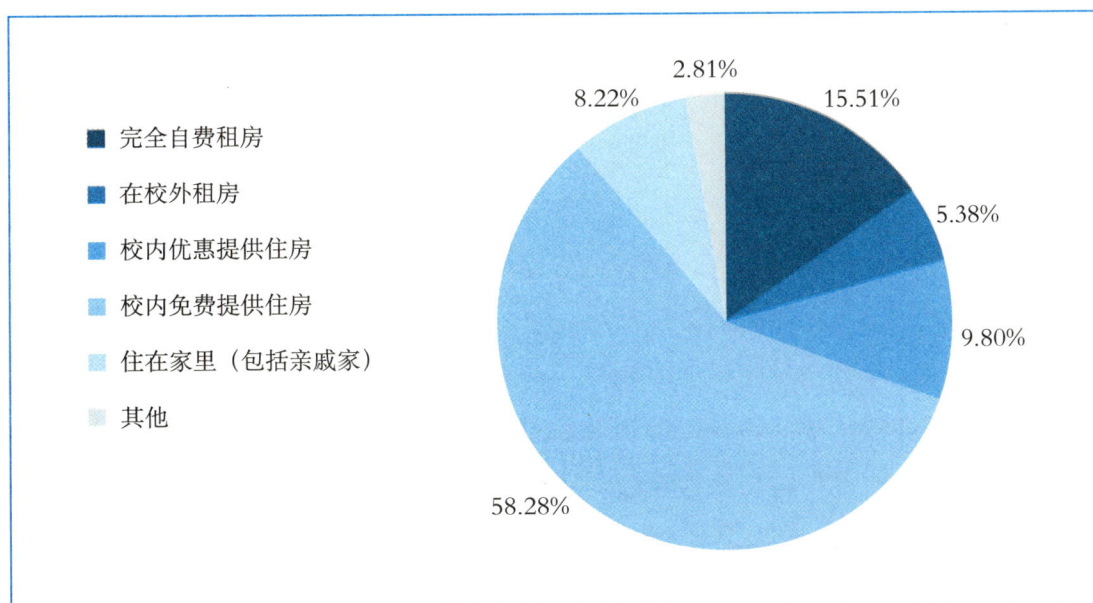

图20　特岗教师的住房情况

图例：
- 完全自费租房
- 在校外租房
- 校内优惠提供住房
- 校内免费提供住房
- 住在家里（包括亲戚家）
- 其他

饼图数据：2.81%、8.22%、15.51%、5.38%、9.80%、58.28%

表12　特岗教师工作生活满意度

条　目	最满意的		希望改善的	
	人　数	比例（%）	人　数	比例（%）
各种保险和住房公积金	285	6.93	262	6.37
领导的信任和支持	824	20.03	79	1.92
师生关系	819	19.91	47	1.14
同事关系	570	13.86	20	0.49
入编考核	360	8.75	253	6.15
培训学习	298	7.25	235	5.71
工资水平	195	4.74	1 947	47.34
住房安排	179	4.35	599	14.56
职称评定	142	3.45	170	4.13
用当地语言交流	113	2.75	47	1.14
与学生家长关系	103	2.50	47	1.14
饮食风俗	72	1.75	46	1.12
学校间的调动	39	0.95	198	4.81
其他	35	0.85	22	0.53
探亲补助	24	0.58	94	2.29

　　特岗教师的服务期为3年，相当一部分教师在3年期满后选择留任。一般情况下，对一个基层教师来说，任职的前5年是工作经验积累与逐步成熟期。因此，特岗教师3年服务期间的历练、经验积累对其一生的专业发展至关重要。

　　在调研访谈中，一些教育领导、校长反映特岗教师正在成长中，还需要进一步的历练。许多学校组织了"传—帮—带"的培养形式，也有不少的教学技能培训，但特岗教师的专业化成长还需要更多时日来检验。不少特岗教师反映在上岗后系统、持续的教学培训相对缺乏，这对他们的专业成长不利。

　　在河北某中学调研时，部分特岗教师反映自己所教非所学对自己的专业成长有一定影响，也有一些特岗教师反映自己不太适应农村大班额的教学，还有一些特岗教师说班里的学生比较害怕老教师，因为老教师就是村里人，但对新教师好奇有余、敬重不足。但从另外一个方面来看，特岗教师在一定程度上是农村学校新课程改革的拓荒者，他们正在基层中小学构建新型的师生关系，尝试先进的教学理念与教学手段，这个过程或许充满困难与挫折，但也正是在这个过程中特岗教师的青春得以挥洒，人生价值得以实现。

压力与挑战

今天是我盼望好久的北京奥运会的开幕式，没有电视，没有电脑。打电话回家，爸爸说："我拿电话在电视旁，你听听声音好吗？"无语，辗转反侧了大半夜，半醒半寐之间我也在鸟巢里飞了一回……背后呼呼的山风吹来，下雨了吗？不然，什么打湿了我的脸……

—— "我的特岗故事"征文摘录（贵州）

特岗教师大多工作在偏僻的农村学校，乡村学校的艰苦环境给特岗教师的工作和生活带来了不小的挑战。这些地区的学校缺水少电，交通不便，有些甚至隐没在深山之中。远

表13　特岗教师最希望改善的方面

条　目	人　数	所占比例（％）
工资水平	1 310	43.20
住房安排	467	15.40
各种保险和住房公积金	227	7.50
入编考核	216	7.10
培训学习	180	5.90
学校间的调动	135	4.50
职称评定	128	4.20
探亲补助	81	2.70
领导的信任和支持	62	2.00
与学生家长关系	43	1.40
饮食风俗	38	1.30
师生关系	35	1.20
用当地语言交流	32	1.10
同事关系	17	0.60
其他	18	0.60

离了城市的灯红酒绿，生活的压力却未因此离去，而是如影随形地跟随着这些年轻的生命。

从表13中可看出，在当前环境中，特岗教师们最希望得到改善的不是别的，恰恰是基本的物质生活需要，工资水平的提高和住房条件的改善是他们最迫切的关注。从对特岗教师的访谈以及他们提交的征文内容来看，饮用水、取暖、与外界联络的信号通畅等生活的各个方面都对特岗教师的适应性构成挑战。

一些农村学校没有自来水，学校用水紧张的时候，连吃饭用的水都得自己去挑。对很多特岗教师来说，舒舒服服洗个澡也成了一件难事。因为缺水，脏衣服还要每周翻山越岭地背回家洗。到了冬天，没暖气的日子更让人难以忍受。

陕西特岗教师赵老师说，到了冬天，生火炉子成了最头疼的事，"还记得第一次在屋子里生火炉子，一个人边吹边扇，满屋子的烟熏得自己睁不开眼睛，等炉子里的火苗晃晃悠悠地蹿出来时，我的脸已经花得跟个小花猫一样"。

来自黑龙江的孙玲也有类似的经历，她今年刚刚25岁，现在教英语。在来之前，她光是想到学校的名字便预料到自己要在山区学校工作了。不过条件的恶劣还是在她来了一段时间后才真正让她有了深切的感受。山里的气温比城市低了好几度，因为没暖气，靠大铁炉子取暖，她得自己拿柴火去引火。"有时候到三更半夜没火了，我们还得重新引火。"她说。山里学校最冷的时候气温可达零下三十多度，他们需要穿着半斤多重的棉裤，"走在雪地上发出吱吱的响声，像只笨笨熊在行走"。这样艰苦的学校条件曾一度让她感觉心灰意冷，萌生退意。

毛桂芳所任教的学校处于藏区，恶劣的气候、地理条件给生活带来了很多不便。即使在盛夏八九月的天气里，祁连山仍然是白雪皑皑，天气冷得要穿毛衣。她说有时喝的是人蓄共饮的雨雪融水，水很浑浊还带着冰碴儿。如果要另外喝口水，自己不得不到很远的地方去挑。想给家里人打个电话，往往得拿着手机四处找有信号的地儿。

除了新环境带来的挑战之外，很多特岗教师对在工作、生活上尽快适应当地学生和科任安排也感觉到不小的挑战。

综上所述，特岗教师的教学环境是中国农村最需要人才、最渴求知识的农村学校。对很多中西部学校来说，特岗教师是很长一段时期以来国家补充的第一批高校毕业生。特岗教师带来的新教学理念、新思想，对学

龙和乡所处的地理位置比较偏，因此住在街上的人比较少，每天菜市就屠宰一头猪，每天天刚亮就要去买肉、买菜，否则当天就只能"看着办"，因此，我学会了种菜，学会了买肉、腌制肉。在生活方面，我能做到完全自理，学校的聚餐，都是我们老师自给自足，和他们在一起就像一家人。我还学会了做很多招牌菜，如蛋卷、糖醋鱼、酿豆腐等，接下来，我还要学习很多龙和特色菜。

——"我的特岗故事"征文摘录（广西）

这里的孩子可爱、淳朴，他们大都来自自然村屯，小学都是在师资力量不足、教学环境较差的村小上的。学生们基础较差，没有养成很好的学习习惯，学习上比较被动。家长们也都忙于生计，无暇顾及孩子们的教育问题……这些都给我的工作带来很大的挑战。

——"我的特岗故事"征文摘录（吉林）

在教学工作的初期，我担任的是一到六年级的美术课。由于学校师资紧缺，在我上了一个月的美术课后，学校又安排我教三到六年级的英语，这让我面临不小的挑战。

——"我的特岗故事"征文摘录（四川）

期末考试让我从天堂掉进了地狱。平均分三十几分，甚至还有二十几分的平均分。为了来这里教书，与女朋友分居两地，为此女朋友经常和我吵架，经过万般努力，我终于说服了她来学校代课，可是来了不到两个月，她失望了，这里条件实在太差，这不是她追求的生活。同样的问题又摆在了我的面前，我是选择在这里教书还是选择与她一起离开。二者只能选其一，我真的不知道该怎么办。其实我也想选择她，毕竟人都是自私的，先为自己着想，我要是选择和她在一起，我们就都能到乐山找一份工作，两个人肯定能过自己甜蜜的小生活。可是我也不知道为什么，虽然这里的学生这么差，我还是选择了留下。

——"我的特岗故事"征文摘录（四川）

……最后和自己心爱的妻子选择了结束婚姻。选择了一个人留在这座大山里。有些人总说这样不值得，其实我自己都不知道值不值得。也许是因为工作不好找，所以我坚持留下；也或许是因为还有什么值得我留下的原因，所以我选择了留下。值得，或者不值得，只有在许多年以后，在我所教的学生长大后，也只有等我老了以后，也许我才会知道。

——"我的特岗故事"征文摘录

校教育变革产生了积极影响。特岗教师的影响是多方面的，不仅仅表现在课堂教学，更表现在农村学校建设的方方面面。近十几年来，国家在学校硬件建设上的投入已经逐步完善，但是由于缺乏相关的科任教师，很多学校的钢琴、美术用材、电脑、农村远程教育的相关硬件设施都处于闲置状态，给学校带来极大的资源浪费。调研组在河南、广西、陕西、贵州等地的调研访谈时曾很多次听到当地的教育部门领导、学校校长等反映特岗教师的到来，不但缓解了师资紧缺，也整个盘活了农村教育的现代化这步大棋。

做好高校毕业生就业工作是建设人力资源强国的必然要求；

　　做好高校毕业生就业工作是保障和改善民生的重要内容，直接体现了"教育是国计，也是民生"这一重要思想；

　　学生就业的状况反映社会对人才的评价和需求，也体现高等学校人才培养的质量。

——教育部部长　袁贵仁

特岗教师给乡村带来了城市的文明和现代化气息，赢得了孩子们的尊敬和喜爱，赢得了广大教职工的尊重。特岗教师在工作中勇挑重担，积极探索。现在很多特岗教师已经担任学校中层领导干部，有的做副校长，有的做副主任，有的做少先队总辅导员。特岗教师的到来，大力推动了各村校实施素质教育的进程。特岗教师所学专业都是我们小学最紧缺的专业，比如英语、体育、美术和音乐等。

——广西某校长

5. 谁是"特岗计划"的受益者

- 政策视野下的"特岗计划"
- 特岗教师眼中的"特岗计划"
- 教育部门、学校眼中的"特岗计划"
- "特岗计划"：各方的利益相关者

政策视野下的"特岗计划"

自从特岗教师来了之后，威宁自治县新发布依族乡红丰村的红丰小学终于有了师范专业的大学生来当他们的老师，不少外流的学生都回来读书了。孩子们还因此有了许多人生的第一次：第一次有了英语课，第一次"六一"儿童汇演，第一次说起了标准的普通话……

来源：《"农村义务教育阶段学校教师特设岗位计划"政策调研报告》

"特岗计划"吸引了大批有志于农村基础教育的大学生真正站在了中国农村基础教育的一线，为农村教育输入了大批新鲜的血液，使得农村教育的各个方面都焕发出了新的活力。在政策视野下观察，"特岗计划"的成效大致可以归纳为以下六个方面。

为农村学校补充了大批合格师资，给农村教育带来了新的生机与活力

"特岗计划"的成功实施为农村学校补充了大批合格师资，在一定程度上缓解了农村地区教师数量紧缺、学历偏低、学科和年龄结构不合理等压力，提升了农村教育质量。特岗教师普遍年轻、学历水平高、理念新、学习能力强、干劲足、身体素质好，具有非常强的优势，大大增强了农村学校的生机和活力。

促进了地方政府增强改进农村师资队伍状况的力度，解开了边远贫困地区教师补充难的死结

"特岗计划"招聘的教师是要去最贫困最边远的中小学任教，由于财政和机制等种种原因，这些地方大都是那些从前很少有大学毕业生涉足的地方。这些边远贫困地区师资严重缺乏，"特岗计划"的实施创新了师资补充机制，由于中央和省级财政上给予大力支持，使得这些边远贫困县有能力支付教师工资，一定程度上解决了边远贫困县在教师招聘方面的后顾之忧。另外，"特岗计划"明确政策规定和导向，吸引了大学生特别是农村大学生到贫困农村中小学任教。另外一些参与省份配套实施了省级"特岗计划"。绝大多数省级特岗教师政策，都经过了精心的设计，得到了严格的执行，并且每

年都会考虑到政策的延续性，进行必要的反馈与调整，保证了"特岗计划"政策实施的效度与满意度。

探索出了编制上"先进后出"的新机制，创新了农村中小学教师补充机制

"特岗计划"面对农村教师补充过程中最大的编制难题，即如何实现师资的更新与优化。实际上，"特岗计划"通过中央财政专项基金的支持，探索出了国标、省招、县聘、校用，即"国家标准、省级招考、县级聘用、学校任用"的新模式；在编制上"先进后出"的新机制，为农村教育提前3年引进优秀师资创造了条件。地方都可以推算出来3年后的编制腾出名额，为农村优秀教师队伍的补充提供更大的空间。"特岗计划"作为一项没有先例的政策设计，创新了农村中小学教师补充机制，是农村师资建设的开源之策。"特岗计划"由中央财政补贴特岗教师的绝大部分工资经费，因此解决了不少贫困地区由于招收新教师带来的财政困难这一难题。"特岗计划"只招聘应届或新近毕业的本科生，以及应届师范类专业专科毕业生，报考资格的限定保证了特岗教师的整体素质。

值得注意的是，新教师的前3年是最富有激情和活力的阶段，是成长最快、最能给原有学校在教学管理等方面带来冲击的时期。特岗教师的3年任期规定，保证了特岗教师把最年轻、最富创造性、最不容易产生职业倦怠的3年奉献给了农村教育。同时，3年服务期满方可经考核合格转正的规定使得新补充的特岗教师队伍相对稳定，即使部分特岗教师意在服务期满后调到条件更好的城镇学校，3年特岗服务期的规定也能保证特岗教师在农村教学岗位上至少服务3年，3年之后空缺的岗位又可由新招聘的特岗教师填补。如此循环，"特岗计划"已经成为农村中小学补充师资的重要而有效的新机制。

"特岗计划"公开招聘教师的模式，增强了选人、用人的公正性和透明性

"特岗计划"由省级部门统一组织考试考核、公开招聘教师的模式，大大提升了教师入口的把关层级，增强了选人、用人的公正性和透明性，对地方教师队伍建设具有积极示范效应，已经逐渐促使地方各级各类学校的教师招聘工作模式发生变革。以贵州省威宁县为例，"特岗计划"的招考方式已经成为义务教育阶段教师招聘的主要方式之一，"特岗计划"实施以来总共为该县补充了1 842名本科毕业生，快速提高了威宁县师资队伍的整体学历水平与质量。

"特岗计划"的外延效益初显

"特岗计划"的实施，除了在创新农村地区教师队伍招用机制、提升农村地区教师水平与教育质量方面作出贡献之外，还彰显出对于农村地区中小学乃至地方乡村社区的其他方面的外延效应。第一，特岗教师的到

来激活了农村学校的硬件环境。特岗教师大多具备计算机操作技能和电脑教学知识，有效带动了农村学校对现代教学技术的需求，激活了农村学校硬件条件的使用。

第二，个别省份如贵州省，通过县级"特岗计划"将一部分有能力承担教学任务的合格代课教师接转到正式教师编制，既补充了师资，又解决了历史遗留的代课教师问题，在一定程度上缓解了社会矛盾。

第三，一些地方因为人才极度缺乏，特岗教师还成为教育行政管理和其他领域的能手。

第四，"特岗计划"促使部分农村地区的学生回流。此前一些农村地区，由于师资匮乏导致学校发展不均衡，优质生源流向外地或私立学校的趋势十分明显。"特岗计划"使得农村公立学校师资质量得到大幅提升。在山西、河南等地，自从一些学校有了特岗教师，一些最初转学到私立学校的学生开始回流到公办学校。

第五，大批年轻富有活力的特岗教师来到农村地区，在一定程度上激发了因青壮年外出打工而显得暮气沉沉的农村社区的活力。一些特岗教师在地方社区生活中也担当起举足轻重的角色。

扩大了高校毕业生的就业机会

"特岗计划"积极配合了国家促进大学生就业的相关政策，扩大了高校毕业生的就业机会，尤其是为大量出身于社会中低阶层的师范院校毕业生提供了公平竞争的就业机会。自2006年以来，我国出现了应届大学毕业生就业矛盾的井喷期。大学生就业难日益成为社会关注的焦点之一。"特岗计划"的实施在提升农村教育质量的同时，通过各种优惠政策激发了应届大学生投身农村教育的热情，并打破了此前因为种种机制与社会原因而形成的一些地方公办教师队伍的入职壁垒，拓宽了在就业市场上处于不利地位的来自社会中下层家庭的大学毕业生的就业渠道，在一定程度上缓解了应届大学生的就业压力，促进了社会的稳定。

长期以来，中国农村社会人才流失都非常严重。年轻人纷纷从农村涌向城市，农村师资也被迫处于师资流动的底端。"特岗计划"的实施使得设岗县凋敝的乡村社会重新出现了有知识、有见地的年轻人，不再是孱弱的老人和年幼的孩子，为农村社区以及中小学教育事业增添了一抹亮色。同时，拥有较高素质的特岗教师引领着农村教育理念革新，对现代教育教学手段的应用与普及也贡献良多。据了解，目前很多学校的远程教育管理员都是由特岗教师担任。

来源：《"农村义务教育阶段学校教师特设岗位计划"政策调研报告》

特岗教师眼中的"特岗计划"

> 我认为"特岗计划"在竞争如此激烈的社会给了大学毕业生一次就业的机会。
>
> ——特岗教师（广西）

特岗教师对"特岗计划"的实施表现出支持认可的态度。调查表明，大多数特岗教师都对"特岗计划"的实施表示支持，他们认为该政策的实施提供了一条较大幅度扩大高校毕业生就业的途径，尤其是为大量出身于社会中低阶层的师范院校毕业生提供了公平竞争的平台。调查显示，特岗教师将"缓解高校毕业生就业的压力"排在"特岗计划"实施成效的第二位，仅在"提高农村师资队伍的数量和质量"之后。

大多数特岗教师认可"特岗计划"现有的招考方式。多数特岗教师认为通过考试招聘教师的形式较为公平、公正，且有较高透明度，都能认同现有的招考方式。

特岗教师对工作的满意度较高，但对生活质量还有更高期待。大多数特岗教师对当前的工作状况表示基本满意，对工作最为满意的部分在于领导的信任支持以及良好的师生关系。2011年的调查显示，大多数特岗教师表示愿意在任期满之后继续留校工作，

一半以上的特岗教师愿意推荐自己的亲人报考特岗教师。但是另一方面，超过一半的特岗教师表示对现有工资收入并不满意，认为"不足以满足开支需要"，可见他们对生活质量有更高期待。即特岗教师的工作满意度呈现出两边倒现象，一方面普遍认为工资收入太低，另一方面在工资收入之外的其他方面满意度都很高，这反映了中国大学生找工作重视"体制内"的观念——特岗教师是"体制内"的工作岗位，可以在3年之后获得正式的教师编制，因此，即便对工资收入不满意，却仍然愿意留校工作并推荐亲人报考。

在对工作的满意度方面，调研表明，如果特岗教师在大学期间是师范生，或者曾接受过职后培训，或者地方政府制定了关于特岗教师的倾斜性政策，报考特岗教师得到家庭的支持，或者任教科目与报考科目相一致，那么他们的工作满意度会比其他特岗教师更高。此外，任期满后转入正式编制的前景与特岗教师的工作满意度

之间存在显著正相关。

特岗教师对教学、生活环境的适应性较好。多数特岗教师都很快适应了学校的工作和生活，也不认为特岗教师与其他教师有什么区别。

但有接近一半的特岗教师的交际范围较小，主要局限在特岗教师这一群体当中，与群体之外的其他人很少交朋友。

表14　特岗教师适应性与工作满意度T检验

		适应性		工作满意度	
		均　值	Sig	均　值	Sig
性　　别	男	2.8939	0.807	2.5896	0.429
	女	2.8891		2.6082	
户　　籍	农业户口	2.8858	0.207	2.5954	0.343
	非农户口	2.9142		2.6233	
学历类型	师　范	2.8802	0.018*	2.6131	0.003**
	非师范	2.9429		2.5160	
工作后有无培训	无	2.8466	0.000***	2.4193	0.000***
	有	2.9363		2.7547	
有无倾斜性政策	无	2.8106	0.000***	2.3475	0.000***
	有	3.0019		2.9584	
任教科目与报考科目是否一致	不一致	2.8281	0.194	2.3344	0.000***
	一　致	2.8726		2.5484	

从表14可以看出，性别和户籍对特岗教师的适应性和工作满意度不造成影响；但学历类型、工作后有无培训、地方政府或学校有无倾斜性政策这三点对特岗教师的适应性和工作满意度均造成显著影响，其中，非师范生的适应性好于师范生，但师范生的工作满意度高于非师范生；工作后参加了培训的特岗教师在适应性和工作满意度两方面均高于工作后未参加培训的特岗教师；若地方政府或学校制定了针对特岗教师的倾斜性政策，则当地特岗教师的适应性和工作满意度更高；任教科目与报考科目的一致性不影响特岗教师的适应性，但影响他们的工作满意度，二者一致的特岗教师满意度高于二者不一致的特岗教师。

但也应该看到，多数特岗教师的工作条件并不理想，物质收入和精神回报并不乐观，因此，一方面，应该重视特岗教师的物质诉求。在精神、道德层面充分肯定这一代乡村教师的开拓、坚守、奉献的品质。如果完全从"理性经济人"的角度去解释这一代年轻人的选择，是亵渎他们。另一方面，在制度设计上，不考虑特岗教师们的基本生存和发展需求，只顾及眼前农村教师短缺的教育实际，该项政策的正向效果和可持续性也会打折扣。

教育部门、学校眼中的"特岗计划"

省、县级教育行政部门在"特岗计划"的实施过程中起着特殊作用，它们一方面是中央特岗政策的执行部门，另一方面又负责地方配套特岗政策的制定以及特岗教师的具体管理工作，因此，了解他们关于"特岗计划"的看法十分必要。而作为"特岗计划"直接用人单位的各级中小学校，对特岗政策实施的满意程度则更具有重要的参考意义。

省、县级教育行政部门关于"特岗计划"的满意度分析

调研结果显示，绝大多数省、县级教育行政部门负责人支持"特岗计划"的实施，表示对政策实施的总体效果很满意。调研表明，省、县级教育行政部门负责人普遍认为"特岗计划"有效地提高了农村师资队伍的数量和质量；对解决当地长期以来难以解决的教师紧缺和素质结构问题可谓是雪中送炭。同时，课题组对部分设岗县教育局相关负责人的问卷调查还显示，37.78%的县级教育行政部门负责人认为"特岗计划"提高了农村师资队伍的数量和质量。他们认为，相比普通教师，"特岗计划"所带来的这批教师具有众多优势，特岗教师的优势依次为可以承担短缺学科的教学工作（71.11%），年轻、有时间、有精力（66.67%），学历高、学习能力强（40.00%），见表15。35.56%的县级教育行政部门负责人认为"特岗计划"探索了农村地区教师补充的新机制。11.11%的县级教育行政部门负责人还认为"特岗计划"缓解了高校毕业生就业压力。

"特岗计划"公开招募高校毕业生到西部贫困地区县以下农村中小学任教，这些地区财政困难、边远偏僻，恰是我国基础教育发展最滞后、师资力量最薄弱的地区。"特岗计划"的实施为解决当地师资问题提供了有效的途径、发挥了重要作用，因此受到当地政府，尤其是教育行政部门的支持和欢迎。

虽然特岗教师拥有众多优势，但也不可避免地让县级教育行政部门产生一定担忧。其中最让他们担忧的是特岗教师队伍的稳定性问题，如前所述，64.44%的县级负责人对特岗教师队伍的稳定性表示担忧。此外，

表15　县级教育行政部门负责人认为目前已招聘的特岗教师的最大优势

特岗教师的最大优势	人　次	所占比例（％）
学历高、学习能力强	18	40.00
适应性强	6	13.33
有很好的人际交往能力	1	2.22
年轻、有时间、有精力	30	66.67
综合素质高，可以为学校争夺更多的荣誉和成绩	7	15.56
受到学生的喜爱和欢迎	7	15.56
可以承担短缺学科的教学工作	32	71.11
教学能力出色、教学效果显著	5	11.11
责任心强、工作更积极主动	7	15.56
吃苦耐劳	3	6.67
其他	2	4.44

在访谈中，特岗教师的分配管理也是令地方教育行政部门颇费心思的议题。

总的来说，地方教育行政部门认为"特岗计划"政策做得最好的方面依次为：落实工资（60.00%）、各种保险和住房公积金（17.78%）以及入编考核（15.56%）；而最希望改善的工作则为培训学习（28.89%），其次为工资水平（11.10%）、住房安排（11.11%）、职称评定（13.16%）。

不少省、县级教育行政部门负责人希望"特岗计划"的政策规定进行部分调整。调整内容主要包括以下几个方面。

一是进一步扩大"特岗计划"的实施范围。在实地调研中，许多省级教育行政部门负责人反映省内还有不少农村地区教师数量短缺、质量低下，但不一定属于国家级开发贫困县的范围，鉴于当地的经济社会发展状况，同样需要一种补充机制的支持。他们希

望进一步扩大"特岗计划"的实施范围，为有需要的农村地区解决师资问题。

二是根据实际需要调整招聘条件中的学历要求。在"特岗计划"实施过程中，一些省、县级教育行政部门负责人反映目前"特岗计划"对学历的要求难以适应当地实际情况。特别是一些艰苦地区和一些急需学科，常常招不到本科生，但又不能招专科生，满足不了实际需要。特岗教师所考非所学、所考非所教、所教非所学、所任科目繁多等现象也时有发生。

三是提高特岗教师的工资水平。大多数省、县级教育行政部门负责人都曾提出建议，希望提高中央财政对特岗教师的补助水平。[①]

四是增加优惠性措施，提高特岗教师职位的吸引力。如前所述，"特岗教师队伍的

① 这一需求已在2012年的政策文本中得以体现，详见附录。

表16　县级教育行政部门负责人的最大担忧

最令人担忧的问题	人　数	所占比例（%）
没有足够的编制留给特岗教师	3	6.67
特岗教师队伍的稳定性	29	64.44
国家财政的支援力度	3	6.67
国家特岗政策的连续性	1	2.22
县级财政的配套	9	20.00
其　　他	0	0.00

稳定性"是基层管理者最担忧的问题（见表16），有52.05%的特岗教师反映，他们身边的特岗教师存在任期内离职的情况。虽然目前特岗教师的留任率很高，但基层管理者依然表现出对特岗教师队伍稳定性的担忧，这在一定程度上可以反映出特岗教师职位的吸引力问题，以及地方吸纳能力的矛盾性。

五是对特岗教师的流动范围进行调整。特岗教师服务期满后的工资由县级财政支付，而且各县根据编制空缺情况招考特岗教师。特岗教师在县际之间流动未必有相应的总编制空缺；另外，部分地区"特岗计划"采取县级招聘的方式，试卷难度、录取分数等都因县而异，难以统一。而允许特岗教师

> 我们同学（公招教师）到同德县后已经买上房子了，他有公积金，可以贷款，现在我们什么也没有。比如我们现在得了病，有编制的可以报，我们只能自己掏钱。说实在的，我们很想享受和他们同等的待遇。
>
> ——特岗教师访谈（青海）
> 来源：《"农村义务教育阶段学校教师特设岗位计划"政策调研报告》

在校际间甚至乡镇间流动则有利于满足实际需求。所以，多数县级负责人认为特岗教师的流动应限定在县域内，县教育局也可根据本县教师分布情况的变化作出相应调整。

六是调整县级财政的负担范围。调研显示，目前县级财政所承担的"特岗计划"相关费用依次为：工资差额（82.22%，比例指承担此项费用的县所占比例，下同）、在职培训（57.78%）以及岗前培训（57.78%）。可以看出在保障特岗教师工资待遇和提高教学效果方面，县级教育行政部门有较强的意愿承担相关费用；而对特岗教师的专项活动、往返探亲路费以及考试、体检费用，县级教育行政部门的支付意愿则较为低下。

七是期望能够有统一的考核标准。省、县教育行政部门负责人对特岗教师转入正式编制的考核标准特别关注，十分期待相关考核标准能尽快出台。目前，"特岗计划"尚无针对特岗教师的统一考核标准。特岗教师3年服务期满后，省、县对他们转入编制之前的考核工作仍存在一定疑惑。

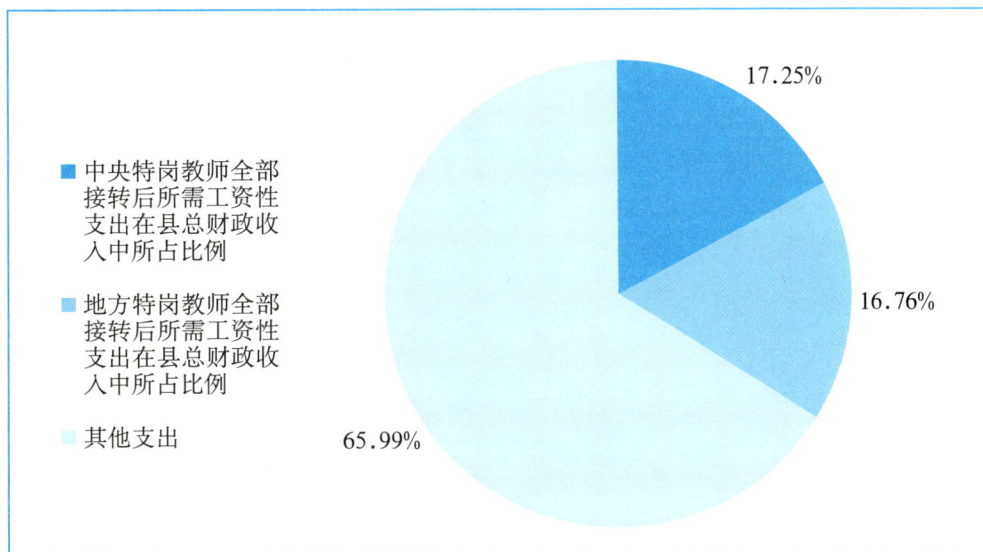

图21 2006—2010年贵州省威宁县特岗教师工资性财政支出在县总财政收入中所占比例

注：图中数据是按假如5年特岗教师全部接转，并按当年教师工资标准进行计算得出。数据来自《农村义务教育阶段学校教师特设岗位计划政策调研报告》（贵州省分报告）。

"特岗计划"实施学校的满意度分析

"特岗计划"实施学校对"特岗计划"的支持度和认可度很高。"特岗计划"实施校的校长们均流露出希望"特岗计划"继续执行的愿望，他们认为特岗教师的到来改善了学校状况，是一项十分有效的政策。

实地调研中，校长们表示特岗教师改变了学校教师老龄化严重的现象，改善了教师的学历结构，也提高了学校的教学成绩。抽样调查数据显示，特岗教师中本科及以上学历者占68%以上，约91%的特岗教师在校学习成绩良好甚至优秀。校长们认为，年轻、高学历的特岗教师教学能力强、年轻有活力、教学理念先进、教学方式新颖，解决了长期以来农村学校教师年龄偏大、教学观念陈旧、学历不达标的问题，给农村学校和社区带来了活力。

"特岗计划"：各方的利益相关者

就"特岗计划"实施的农村地区而言，政策的实施在很大程度上创新了这些地区的教师招录制度，同时也从许多方面改变了当地不同行政部门间的事权关系。在此之前的县级教师招录模式中，公办教师招聘属于公务员和事业单位招聘范畴，一般由县级政府人事部门牵头组织，教育部门起辅助作用，负责向人事部门提供相关教师需求数据，而最后具体招录人数，需要人事部门在全县机关事业单位用人需求的整体盘面权衡考虑，教育部门的人员需求并不能总是得到满足。同时，教师的招录过程也由人事部门组织，往往与政府机关和其他事业单位的人员招录统一进行，教育部门在这个过程中发言权有限。

这样的招考模式带来的弊端是显而易见的。一方面，由于人事部门不了解教育部门需求，或者出于平衡部门间利益的需要，可能出现教育部门录用新教师的需求无法完全得到满足的情况；另一方面，教师的招录由人事部门组织，也可能导致教育部门无法按照中小学教育特点考查报考人员的情况，新

据陕西省"特岗计划"负责人介绍，陕西全省有40万教师，每年需要补充新教师1万多名，但是其他渠道已经可以为本省农村学校补充不少教师。陕西省除"特岗计划"外，全省还有公开招考教师、免费教育师范生、"振兴计划"等方式也可以为农村补充教师。因此，陕西省"特岗计划"的指标连续几年都未能完成。

——省教育厅负责人访谈（2012，北京）

据内蒙古教育厅负责人介绍，自治区基层教学单位的人员还有"西部计划"专项、"三支一扶"等补充方式，自治区下面的盟市旗县希望用自己的方式招聘教师，一旦接受"特岗计划"，就会限制他们自己的招聘方式，因此实施"特岗计划"的积极性不是很高。

——省教育部门领导访谈摘录（2012，北京）

教师的招考录用不能充分反映教育工作的专业性。"特岗计划"的实施，在很多地方是将地方教师的招聘录用过程的组织管理权限转移到教育行政部门手里，使得教育行政部门在农村新教师入口筛选把关环节有了更大的发言权。从这个角度来说，**县级教育行政部门，乃至一些地区的省级教育行政部门，也是"特岗计划"的受益者之一。**

就大多数实施"特岗计划"的省区而言，贫困农村地区教师的招考环节通过"特岗计划"的实施转移到省里统一执行。一般情况下，通过书面考试的候选人再由市、县级教育行政部门组织严格面试，然后县教育局根据各学校需求和新教师个人情况分配到具体的学校岗位。自上而下的教育行政部门在整个过程中起着牵头组织的作用，这样的好处在于作为用人部门的教育部门能够根据自身的具体需求招录新教师，更大程度上保证了农村新教师的质量和适应性。从机构事权的角度来说，教育行政部门是乐意看到这样的转变的。然而，这样的程序变化自然导致人事部门的管理权限收缩。当然，任何制度改革都可能面临类似的体系内部结构和部门关系的调整，对这种冲突的恰当处理将在很大程度上影响改革措施的执行效果。

从省、县行政部门到学校、特岗教师各个利益相关群体均对"特岗计划"政策的制定和实施表示支持认可，但是重点有所不同。至于谁是"特岗计划"的最大受益者，不同群体的观点稍有不同。县级教育行政部门认为最大的受益者是特岗教师本人。特岗教师则认为"特岗计划"实施的最大受益者是"特岗教师所教的学生及其家长"。

从表17中的数据还可以看出，在特岗教师本人看来，"受聘的特岗教师"、"聘用特岗教师的学校"、"县级政府"都是"特岗计划"政策较主要的受益群体，"特岗教师所教的学生及其家长"是特岗政策最主要的受益群体，选择这一选项的特岗教师比例超过了40%。

表17　"特岗计划"的主要受益群体（特岗教师问卷结果）

主要受益群体	人　数	所占比例（%）
受聘的特岗教师	718	23.7
特岗教师的家庭	77	2.541
特岗教师所教的学生及其家长	1 257	41.49
聘用特岗教师的学校	445	14.69
省教育行政部门	109	3.597
县级政府	314	10.36
特岗教师毕业的高校	42	1.386
其　他	28	0.924

自从数学李老师来了之后，他打破了以往课堂沉闷的气氛，课堂活跃起来了，教学方式变新颖了。如今李老师已经和我们是课堂上的师生、生活中的朋友了。李老师让我对数学产生了兴趣，而且成绩也提高了。

——小学生（山西）

中国拥有全球数量最多的学龄儿童，其中80%生活在农村地区，所以我们十分清楚在中国作为一名农村教师的重要性及面临的挑战。通过与中国教育部的合作，我们亲眼见证了中国为保证学龄儿童拥有数量充足和高质量的教师所进行的巨大投入，包括从2006年开始实施的"特岗计划"政策，我们对此表示极大的赞赏。

——联合国儿童基金会驻华办事处 麦吉莲

6.特岗教师的深度关注

- 政策创新：从地方到全国
- 中央政策，地方创新
- 特岗教师的语言与文化适应
- 关注女性特岗教师
- 特岗教师的留任与离职
- 跨文化的喜与忧
- 特岗教师需求数量的预测

政策创新：从地方到全国

云南是我国少数民族最多的省份，全省共有25个少数民族。少数民族人口为1 533.7万，占总人口的33.37%。汉族人口占总人口的66.63%。

云南省有129个县（市、区），其中有73个国家级贫困县和7个省级贫困县。贫困面大，贫困人口多，贫困程度深。贫困人口555万，占全国贫困人口的13.9%，全国每7个贫困人口中就有1个在云南。由于经济发展落后、贫困人口众多，其农村教育缺乏合格的师资，教师数量短缺、年龄老化、义务教育班额过大问题长期存在，成为制约云南农村教育发展的主要问题。

在这种情况下，2003年，云南省红河州首先进行了义务教育师资招聘的政策创新。其地方财政出资2 000万元，购买教师岗位并招聘教师，目的是缓解农村地区中小学教师紧缺状况。这一新的农村教师补充机制作为一种成功经验得到教育部的肯定。2006年，教育部、财政部、人事部、中央编办联合制定了《农村义务教育阶段学校教师特设岗位计划实施方案》，在全国13个省、市、自治区及新疆生产建设兵团推广实施"特岗计划"。云南省红河州在全国开创了招聘特岗教师之先河，目前也是特岗教师最多的地区。

2006—2011年，云南省共招聘32 172名特岗教师，获得中央拨付特岗教师经费近13亿元，招聘人数和所获专项资金数均占到全国22个省区总量的近六分之一，为全国第一。这些特岗教师主要分布在边疆县、少数民族县和贫困县的1 883所学校，其中中学681所，小学1 202所，"特岗计划"实施县市占77.8%，这在全国"特岗计划"实施省市中属于比例较高的。

报考云南省特岗教师并录用上岗的高校本、专科毕业生来自全国28个省市自治区（除北京、上海、西藏、台湾、香港和澳门外），师源分布非常广泛。特岗教师的毕业学校，既有教育部直属大学，也有地方院校，以地方高校为主。

"特岗计划"实施以来，云南省特岗教师流失较少，留任率比较高。据云南省教育厅提供的数据，2006年和2007年服务期满的特岗教师留任率超过90%。而据调研组在鲁甸县和会泽县的调查，鲁甸县2006—

2009年招聘603人，现在岗581人，留任率为96.35%。会泽县2006—2010年招聘1 570人，现在岗1 549人，留任率为98.66%。

除了与中央"特岗计划"配套的省级"特岗计划"之外，昆明市还创立了市级"特岗计划"。2008年由市财政出资600余万元，为因财政困难、教师难以补充的几个市辖贫困县招聘了300余名特岗教师，缓解了当地农村学校的师资压力和财政压力。之后，昆明市还扩大市级"特岗计划"的实施范围，延长实施年限。此后，市级"特岗计划"也被大理州、曲靖市所采用。

云南省实施"特岗计划"成效显著，主要体现在以下几点。第一，"特岗计划"的实施，促进了云南省基础教育的均衡发展，促进了教育公平，体现了政府在基础教育中应承担的责任。同时，在一定程度上解决了大学毕业生的就业问题。第二，"特岗计划"有力地改善了云南省受财力、编制等因素而导致的教师缺编或有编不补而大量使用代课教师的局面，提高了教师的整体水平，在一定程度上直接解决了贫困和少数民族地区农村中小学校教师紧缺的问题。第三，"特岗计划"直接提升了师资质量，优化了全省农村中小学教师的学历、学科、年龄、性别等结构，为全面提高农村中小学教育教学质量奠定了师资基础。

"特岗计划"的实施为农村教师队伍的补充注入了新的活力，有力地推进了农村教育的均衡发展，为建立健全农村教师补充机制奠定了坚实基础。具体表现在以下几个方面。

一是由于财政非常困难，"特岗计划"实施前，有的农村学校多年来未补充新教师，有的县教师数量出现负增长，"特岗计划"的实施，使得农村中小学教师的缺额得到及时补充。

二是特岗教师大多在偏远山区学校工作，他们的到来改善了农村教师队伍的学历、学科结构，尤其是充实了短缺学科的教师队伍。

三是特岗教师奉献爱心，教书育人，将先进的教育理念带进农村，以优异的工作成绩赢得了当地群众和教职工的信任、尊重。许多校长说，特岗教师给乡村带来了城市的文明和现代化气息，赢得了孩子们的尊敬和喜爱，也赢得了广大教职工的尊重。

——《云南总结经验 创新管理 规范实施"特岗计划"工作》
来源：http://www.edu.cn/te_gang_6406/20090331/t20090331_369659.shtml

中央政策，地方创新

一些省份在执行中央"特岗计划"的同时，根据各自的情况，积极实行地方"特岗计划"。在实施方案设计、编制保障等方面各有特色。

1∶1配套实施"特岗计划"

河南省从2009年开始实施"特岗计划"时，就实行地方特岗与中央特岗1∶1配套的实施方案。国家计划主要安排在31个国家扶贫开发工作重点县；地方计划主要安排在13个省扶贫开发工作重点县，6个深山区县，以及经济条件相对比较落后、教师总体缺编和结构性矛盾突出，但工作基础好、积极性高的县（市）。2009—2011年，河南省共有108个设岗县，中央和地方"特岗计划"累计分别招聘特岗教师15 000名和14 897名，中央财政、省财政分别累计投入专项经费8.08亿元（特岗教师工资拨付至2013年8月）和6.12亿元（特岗教师工资拨付至2012年8月）。2012年河南省继续实施中央特岗和地方特岗同比例实施的方案。由中央财政支持的设岗县从

原来的31个国家扶贫开发工作重点县扩大到国家连片特困地区重点县在内的38个县。新增的7个县分别为镇平、内乡、柘城、潢川、太康、商水、郸城。2012年河南省计划招聘中央"特岗计划"教师5 800名，地方"特岗计划"教师5 000人。河南全省每年需要补充新教师16 000人，"特岗计划"每年可以补充一万余名新教师，全部补充到农村学校，基本满足了全省农村义务教育的教师需求。

如此大数量的特岗教师招聘增加了特岗教师服务期满后的入编压力。但河南省要求各设岗县在申报"特岗计划"指标时要提前考虑3年后的空编情况，且每个录用的特岗教师和县政府签订相关协议，保证3年后能如期入编。

> 我们这样保证编制：每个特岗教师都是和县政府而不是和教育行政部门签协议。教育行政部门解决不了编制问题，因为还需要财政、编制等部门配合。特岗教师跟县政府签了协议后，即使县长换了政府也不会变，政府的政策不会变，所以是有保障的。
>
> ——市教育局负责人访谈（河南省）
>
> *来源：《"农村义务教育阶段学校教师特设岗位计划"政策调研报告》*

"特岗计划"与"资教生" [1]

湖北省从2004年开始实行"农村教师资助行动计划"（简称"行动计划"），湖北省教育厅招选一批应届本科毕业生到农村乡镇中学任教。2006年湖北省实施"特岗计划"时，把"特岗计划"与"资教"政策结合实施，这使得湖北的"特岗计划"有着鲜明的地方特色。

在报名条件上，湖北省要求特岗教师的报名对象是"资教生（含特岗生）、应届或往届大学本科毕业生"，年龄不超过30岁，这就在入口处保证了农村新进教师的专业素质，提高和优化了农村教师的学历结构。随着老教师的退休，农村教师的学历将得到逐步提高，这是具有长远意义的决策。但是，我们也注意到，一般来说，本科毕业生不太愿意去偏远贫困山区做特岗教师，而一些往届的专科生愿意去这些地方做特岗教师却又没有资格，这在某种意义上致使一些偏远贫困山区教师补充困难。

在待遇上，湖北省对非师范专业的应届毕业生，免收教师资格申请认定费。每年由县（市）教育行政部门组织年度考核，经考核合格的特岗教师，省里对每人每年奖励5 000元，按年发放。新聘用的特岗教师采用事业编制，实行年薪制。到执行艰苦边远地区津贴地方义务教育学校任教的，每人每年3.5万元；到其他地区任教的，每人每年3万元。年薪按照绩效考核情况发放，并根据经济社会发展水平适时调整。[2]可见，湖

北省特岗教师的工资高于中央所规定的特岗教师年均工资标准。这样的财政支持在实施"特岗计划"的22个省份中是独有的，说明了湖北省实施"特岗计划"的决心和力度。

在制度上，湖北省规定，对于到农村乡镇学校任教的特岗教师，其工资可提前定级，不实行试用期。参加工作即定级，能够使乡村的特岗教师安心留下来。同时，湖北省还为特岗教师的专业发展进行了另一项制度设计。该省规定，对3年服务期满，表现优秀且愿意继续留在农村学校任教的特岗教师，经推荐选拔，湖北省教育厅将出资送其到国外攻读教育硕士。这一制度规定鼓舞人心，一方面，它意味着一些乡村优秀特岗教师能够获得到国外深造的机会，为提高他们的专业能力、专业素质提供了可持续发展的制度设计；另一方面，这一制度设计也在一定程度上满足了湖北省农村教育对高水平师资的需求，有助于缩小城乡基础教育质量差距，对于区域教育均衡化和当地农村教育的长远发展意义重大。

多级特岗，代课教师也是受益人

2008年，贵州省参照中央"特岗计划"

---

[1] 参与湖北省"农村教师资助行动计划"的大学毕业生，简称"资教生"，编者注。

[2] 参见《湖北省2012年特岗教师报名条件》，见网址 http://www.233.com/tegang/dynamic/baoming/hubei/20120525/104839639.html。

模式，由省、地、县分别提供资金，创造性地实施地方性"特岗计划"，即在实施中央"特岗计划"的同时，还实施了省、市、县三级特岗教师招聘制度，可以称之为"四级特岗"。中央"特岗计划"以补充农村初中教师为主，采取"教师流动、腾出岗位、优化结构"的方式，将学历不合格的初中教师逐年调整到小学岗位，腾出初中岗位招聘中央特岗教师。省、市"特岗计划"主要招聘专科以上学历毕业生到贫困山区小学校与教学点任教。贵州省的创新之处是对县级特岗的设计。县级"特岗计划"主要针对具有教师资格并长期在农村地区从教的代课教师。2009年起，贵州省"特岗计划"从四级特岗变为两级特岗——国家特岗和县级特岗。当年全省安排"特岗计划"指标7 009名，其中国家"特岗计划"3 888名，县"特岗计划"3 121名。国家"特岗计划"设初中岗位2 768个，小学岗位1 120个；县"特岗计划"设初中岗位733个，小学岗位2 388个。两级特岗的教师招聘形式逐渐固定下来。2012年贵州省继续实行国家级、县级两级"特岗计划"。

2008年，贵州省将代课教师纳入县级"特岗计划"招聘范围，有1 000多名代课教师通过县级"特岗计划"成为特岗教师。通过县级"特岗计划"，一部分能够胜任教育教学的代课教师经考试成为特岗教师。这既补充了急需的师资，又一定程度上解决了历史遗留的代课教师问题，缓解了社会矛盾。

此外，云南省昆明市在2008—2011年实行了4年市级"特岗计划"。市级"特岗计划"主要在呈贡县、宜良县、晋宁县、嵩明县、富民县和安宁市进行，4年共招聘市级特岗教师900多名。

重庆市也因时因地实施地方"特岗计划"。从2012年开始，重庆市财政、编办、人社和教委合发文件，实施地方"特岗计划"，主要补充农村边远地区的音乐、体育、美术、心理健康等学科的特岗教师。2012年共补充音乐教师139名，美术教师177名，体育教师212名，这些是比较紧缺的，还有健康教育等其他专业的特岗教师若干名。

通过实施国家、省、市（州、地）、县"特岗计划"，解决我省农村师资数量不足和结构不合理等问题，提高农村教师队伍的整体素质。2008年，全省安排"特岗计划"指标8 573名，其中国家"特岗计划"4 375名，省"特岗计划"1 250名，市（州、地）"特岗计划"1 150名，县"特岗计划"1 798名。国家"特岗计划"设初中岗位2 461个、小学岗位1 914个，省、市（州、地）、县"特岗计划"只设小学岗位。

来源："特岗计划"调研收集文本《贵州省2008年农村义务教育阶段学校教师特设岗位计划实施方案公告》

1年实习合格后入编

为了留住特岗教师，山西省在入编、工资及待遇、住房、岗位晋升、培训等方面做了很多努力。山西省实行特岗教师1年考核合格即可入编的政策。该省规定："特岗教师1年试用（实习）期满考核合格的，设岗县（市）教育、人社、编制部门应为其办理人事、编制手续。"山西省"特岗计划"在原来的"3年后考核入编"的基础上，大胆地将其改为"1年实习合格后入编"，政策的制定给特岗教师带来实在的利益，稳定了特岗教师，但这一政策的可持续性和在各县的落实情况有待进一步观察。

与此同时，山西省还制定了较为严厉的违约惩罚措施。《山西省农村义务教育学校教师特设岗位计划实施方案》中规定："对违约的教师按照《劳动合同法》有关规定，收取违约金，且提出3年内不得参加特岗教师招聘考试，通过本省其他地区教师公开招聘考试的，各级教育行政部门和学校不得聘用。"山西省为了保证特岗教师的稳定性，对违约的特岗教师有明确的惩罚措施，两年来特岗教师的离岗率仅有1.62%，但用如此严厉的违约惩罚措施来稳定教师是否妥当值得进一步研究。

特岗教师的语言与文化适应

　　"特岗计划"覆盖了所有的少数民族自治县和少小民族县。边远与少数民族地区实施"特岗计划"的情况如何？特岗教师所面临的独特的问题是什么？在民族地区怎么工作？民族地区应该招聘什么样的教师？这都是"特岗计划"实施中的真实问题。

　　少数民族地处偏远，交通不便，教师招聘比其他地区更为困难，尤其是边远地区的教学点。"特岗计划"还没有专门针对民族地区语言与文化适应性的政策设计，特岗教师在工作中还存在文化适应性的问题。例如在青海省藏区，很多汉族、回族等非藏族的特岗教师表现出了较大的不适应。这种不适应主要表现在饮食、语言与风俗习惯等方面。这在一定程度上影响了特岗教师持续在当地工作的信念。相应的，本地的藏族大学生返乡当中小学教师时，他们获得的文化认同与专业适应都比较好，心甘情愿地在当地工作。

　　青海省金源乡中心学校的祁梅老师告诉我们："刚开始我连酥油的味道闻都闻不了，现在勉强还能吃一点。以前习惯不了，

现在也在慢慢地改变。"当研究者问："作为一名特岗教师，你觉得在这个地方工作需要几年就适应了"时，祁梅老师认为："应该要一学期，最晚一年就差不多了，一年的话也就进入老师的状态了。在生活中，我们还是尽量融入当地人的文化与生活之中。"相反地，同在一所学校教书、已经担任学校教导副主任的公保才让老师反映就不一样："我是在藏族地区长大的，从小就学藏文，汉语语言的表达不太好，初、高中接受的都是双语教学，而且我们那的发音模式都是第一模式，就是藏语加一门汉语课程，除了汉语以外都是藏语，所以没怎么接触过普通话。"显然，在藏区长大的公保才让老师，他到自己从小生长过的地方来教学则是得心应手。

　　何老师现在是青海湟中县的小学老师，她老家在甘肃通渭县，离学校有好几百公里的路程。令她没想到的是，隔上这几百公里，两地的语言文化就有这么大的差异。"面对灰色的大山映衬下土气的老师、土气的学生，一样土气又陈旧的学校，再加上这里的全是我以前没有接触过的回民，我对这

生活上的困难还都可以勉强克服，但如何与说民族语言的家长沟通，如何让调皮的学生安静地听课，成为我面临的最大问题。有家长打电话来，我只能请懂民族语言的同事帮忙接听，对于学生的各种闹剧，我也只能听之任之。

——"我的特岗故事"征文摘录（陕西）

学校所在的乡镇是马边县最远的一个乡镇，是纯彝族聚居区。由于地理环境和交通等原因，造成他们行为方式上的独特性和思想观念上的落后。随着国家教育政策的实施，很多适龄儿童都回到了学校，但是学生、家长都还没意识到读书的重要性，请假、旷课的情况时有发生。我觉得我的机会来了，于是想留下来，做一番成绩。有些彝族孩子没有上小学，直接上初中，因为他们不会说普通话，我和他们交流困难，于是我努力去学习彝语，请教本校彝族老师生活中常用词用彝语怎么说……我还经常给他们讲外面的故事以及知识的重要性，讲国家的政策。

——"我的特岗故事"征文摘录（四川）

我班学生共37人，其中有33名是苗族学生。他们当中最远的只去过县城，有的甚至连镇上都没去过。四分之一的同学听不懂汉语。第一次单元测试，我哭了，数学27分的平均分。那晚，我失眠了，思来想去，觉得应该是语言不通的问题。在后来的教学中，我用了双语教学。经过一学期的努力，学生成绩由原来全镇的倒数第一提升了三名，虽然不是很理想，但总算是有进步了，这给了我极大的鼓励。现在全班已经没有听不懂普通话的同学了，大部分孩子也会拼汉语拼音了，还能背乘法口诀，这些基础知识正一点一点地补上来了，使我对后期的教学充满了信心。

——"我的特岗故事"征文摘录（云南）

里的好感顷刻间抛到了九霄云外。"这是她对学校环境的最初印象。当地的风俗和人们的穿着习惯都让她感觉很不习惯，"男人全戴白帽子，女人全戴黑盖头"。

因此，"特岗计划"在少数民族地区的实施应因地制宜，制定出符合本地区情况的具体政策，这样才能把"特岗计划"落到实处，达到更加理想的政策预期效果。例如适度放宽招聘条件，适当降低小学特岗教师学历水平，让更多的专科师范生发挥所长；同等条件下，双语教师优先录用；允许少数民族往届大专学生报考特岗教师。

我是一名地道的云南少数民族教师，由于独特的地理环境，我精通彝、傣、哈尼、汉、英、泰六种语言。我教的这三个班全是少数民族学生，有个别几个来自缅甸、泰国的留学生，其中傣族人最多。西双版纳的傣族和布朗族男孩在他的一生中有一段时间得出家当和尚，这段时间往往是在八岁至十六岁。而这段时间恰好也是义务教育阶段，这与我的教学形成很大的冲突。

——"我的特岗故事"征文摘录（云南）

　　通过家访，我深刻明白了宗教对教育的影响是多么大。布朗族基本上信仰小乘佛教，布朗族各种文化活动的中心是佛寺，佛寺是人们接受传统教育、举行仪式的场所。布朗族男子七八岁到十一二岁均须到佛寺当和尚，而且当和尚有一定的时间限制。常常有一部分学生因为要当和尚而影响学业，很多时候甚至和上课时间冲突。他们在佛爷指导下学习傣文和简单的佛经，学习教规、教义。在佛事的过程中学到佛教的基本教义和粗浅的傣文。通过了解这些，我也获得了成长！

——"我的特岗故事"征文摘录（云南）

　　此外，少数民族地区一些边境"国门学校"，其学校的象征意义很大：守疆固土，安定边民。中央及省财政补助应实行对边疆边境少数民族和贫困地区县市的政策倾斜，多给予资金投入和政策扶持。

　　青海藏区特岗教师中双语教师比较紧缺，但不同地区的双语教师在不同的地方还不能互换使用，比如掌握"安多藏语语系"的老师在"康巴藏语语系"地区也是不适应的，这两种语言虽然都是藏语，但属于两种语系，相互之间没有共性。这就需要按照少数民族地区基础教育发展的需求，定向培养相关的双语教师。

来源：《"农村义务教育阶段学校教师特设岗位计划"政策调研报告》（青海省分报告）

关注女性特岗教师

特岗教师中女性特别多，这是我们很担心的一个问题。由于不少女性特岗教师会被派到偏远的农村和山区，因此吃住及安全问题都比较让人担心。比较典型的是南部一所偏远农村小学1年就进了7个女特岗教师，这几位女教师的安全、婚恋等问题学校领导特别关心。从这个角度说，我们更愿意招聘男特岗教师。

——四川某县教育局"特岗计划"相关负责人

女性特岗教师近六成

在招聘对象的倾向性方面，地方行政部门更希望招收男性，例如，调查发现，有42%的县级教育行政部门负责人更倾向于招收男性，而倾向于招收女性的比例只有5%多一点。但是在实际招聘的特岗教师中，女性特岗教师近六成（见图7）。

特岗教师普遍年轻，98%在30岁以下，其中超过70%的特岗教师未婚。从全国范围来看，女性特岗教师人数是男性特岗教师的1.5倍，个别县甚至远高于此。从户籍情况看，超过80%（见图9）的特岗教师的原户籍是农业户口（以特岗教师母亲户籍为依据[①]）。

对于我来说，眼前真真切切地存在着一个大难题。丈夫的工作决定我的家不可能搬到学校所在地。而我上班后只能周末回家，根本就不可能再给宝宝送奶。可是此时宝宝才四个多月，家人经过再三讨论，决定给宝宝断奶，我抱着小小的软软的宝宝，看着他那可爱的小脸，失声痛哭。

——"我的特岗故事"征文摘录（吉林）

[①] 以母亲户籍为准的户籍统计方式是在人口调查中较为常用的一种方式，因为考虑很多人户分离的情况，同时又结合我国户口实施的标准。所以，以母亲户籍为准是相对较为科学的一种方式，能够较科学地反应数据的合理性。

女性特岗教师生活压力大，婚恋困扰突出

在接受调研的特岗教师中，未婚青年教师所占比例达73%，其中，未婚女性特岗教师数量约为未婚男性特岗教师的1.5倍，但存在着省际差异，山西省大宁县2010年共有特岗教师153名，其中男、女特岗教师分别为45名、108名。全县特岗教师中初中学校男女特岗教师比例最低为2∶9，小学有全部都是女教师的情况，村小教师男女比例失调现象严重。在153名特岗教师中，共有24名教师是本县人，同时有极少部分在当地成家。当然也有少数地区男性特岗教师远远多于女性。山区村小和教学点非常艰苦，对于女性来说困难重重，甚至连吃饭、洗衣服这些日常生活都成为很大的问题。

从年龄方面来看，根据本次调查的数据，特岗教师98%在30岁以下，正值婚恋年龄，婚恋问题比较突出。这也往往成为他们离职的原因之一。访谈调查表明，婚恋问题是特岗教师离职的四个主要原因之一，其他三个原因分别是"考取了公务员"、"考取了公职教师"和"不适应当地条件"。

特岗教师的婚姻问题我们也很重视。特岗教师中女孩子占大多数，而且很多孩子是跨县区就业。县级以下除了我们教育系统以外，其他系统很多年不怎么招人，这样各个部门的人就和年轻的女老师不般配。我们就积极地为特岗教师组织联谊会，如和当地的公安、卫生等系统，我们就是不忍心看着这帮孩子读了多少年大学，还得在村里找对象。我们也希望招更多的男老师进来……

——省教育厅负责人访谈（2012，山西省）

很多地方教育局积极为解决特岗教师的婚恋问题牵线搭桥，如组织联谊会等，为特岗教师的安心工作与留任做出了积极的尝试。

湖南省平江县重视教师的婚嫁问题。访谈中吴局长谈到："我县10位女教师已经在本地找对象了。来自湘潭的罗老师在南江镇买了房，找了对象，明年准备结婚，我对他说，你结婚的时候我来给你证婚。"

岳阳晚报2010年11月刊登《平江十二中为特岗教师举行婚礼》一文，"诚心引凤，真情留人"，学校将特岗女教师张老师在长沙的恋人接到十二中，为其操办婚礼。张老师说："没有想到学校会如此重视和关心特岗教师，如此用心地为我们举办婚礼，太感动了，这将成为我今后工作的动力，为山区奉献自己的力量。"

来源：《"农村义务教育阶段学校教师特设岗位计划"政策调研报告》（湖南省分报告）

从实际情况来看，女性特岗教师，尤其是在边远山区和贫困地区工作的女性特岗教师，在工作地寻找合适的配偶难度较大，因此，一些人只能选择离职。

"特岗计划"为农村背景的女大学生提供了更多就业机会

高校扩招和金融危机加剧了大学生就业困难，2006—2010年，高校毕业生人数已从413万增长至630万，且呈现继续增长的趋势，毕业生就业市场供大于求。与此同时，毕业生中的女性比例也在逐年增加。在总体就业形势不容乐观的情况下，用人单位也因此提高了就业门槛，有的还设置了性别限制，导致女大学生成了就业大军中的弱势群体，相对男大学生来说，其就业更是难上加难。《2010中国大学生就业报告》显示[①]，截至2010年2月底，2010届女大学毕业生的签约率仅为21%，明显低于同届男大学生的29.5%。而签约薪资及工作与专业对口率，女性也难与男性"抗衡"。全国妇联发布的调查数据显示：女大学生平均投出9份简历，才有可能得到1次面试或笔试机会；平均投出44份简历，才有可能得到1个意向协议；90%以上的女大学生感受到用人单位有性别偏见，其中理工科女大学生"经常"感受被歧视的比例最高；56.7%的女大学生在求职过程中感到"女生机会更少"[②]。

在这种情况下，即使在边远贫困地区，获得一个教师职位也是一个不错的选择。因此，即使是最基层的公务职位——乡村公办教师，也变得很有吸引力，对于女大学毕业生来说尤其如此。

"特岗计划"的实施在某种意义上缓解了农村背景的女大学毕业生的就业难问题，为她们提供了更多、更公平的就业机会。

①　数据来自麦可思授权《西部商报》发布的《2010中国大学生就业报告》。
②　数据来自《女大学生就业创业状况调查》，见网址http://news.sina.com.cn/c/2010-03-08/075217182553s.shtml。

特岗教师的留任与离职

特岗教师留任率较高

调查发现，特岗教师留任率普遍较高，各省基本均高于80%，仅有少数省份留任率相对较低（见图22）。特岗教师留任率高的原因是多方面的，但总体反映了"特岗计划"政策的合理性。

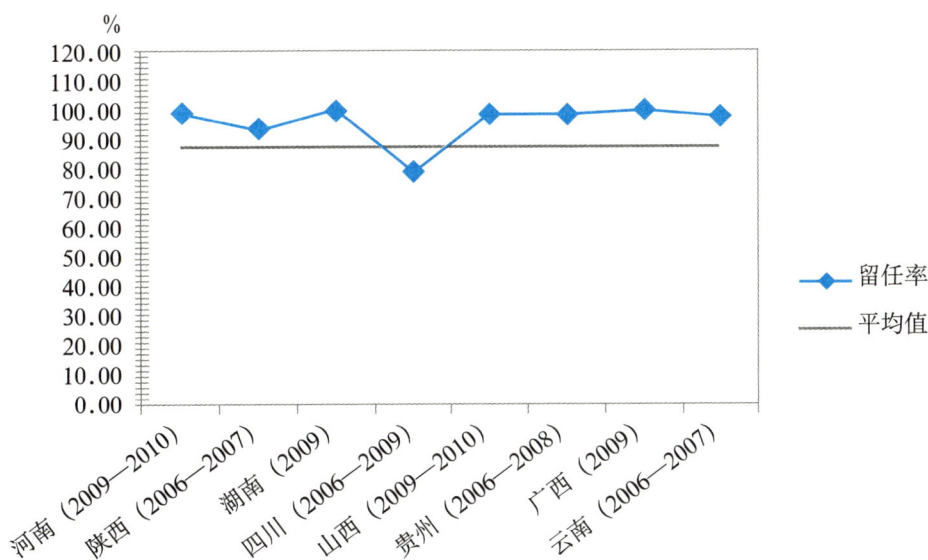

图22 各省特岗教师留任率比较

（注：①以上数据各省统计年份有差异；②各省统计口径有所不同，多数省份统计的留任率是服务期满的特岗教师留任率，而四川省统计的留任率包括了3年聘任期间流失的特岗教师，故将2006—2009年4年来的留任数据平均以便于比较。）

贵州省服务期满的特岗教师留任率高于全国87%的平均水平。2009年服务期满考核合格自愿留任特岗教师的有2 368名，占当年服务期满考核合格特岗教师总数（共2 416名）的98%。2010年服务期满考核合格自愿留任特岗教师的有852名，占当年服务期满考核合格特岗教师总数（共862名）的99%。

来源：《"农村义务教育阶段学校教师特设岗位计划"政策调研报告》

为了留住特岗教师，各省和设岗县在入编、工资及待遇、住房、岗位晋升、培训等方面做了很多努力。如贵州省威宁县稳定特岗教师的方式之一是在岗位晋升方面为他们提供发展空间，将特岗教师和其他教师等同对待。2011年全县公选了200名副校长和400名校长助理（满1年工作经验即可参加公选），其中特岗教师300多名。服务期满转编的特岗教师可担任副校长，未满3年尚未转编的可担任校长助理，这样的做法使得特岗教师对前途充满了信心和希望。此外，该县还专门出台解决夫妻两地分居的政策。这些努力没有白费，它减少了特岗教师的流失，留任率逐渐提高。

流失率是衡量"特岗计划"政策的一个指标。据访谈调查，特岗教师任期内离职的主要原因分别是"考取了公务员"、"考取了公职教师"、"不适应当地条件"和"婚恋问题"。

从现有特岗教师基本数据来看，特岗教师主要以20—30岁的未婚青年为主，且女性占了将近五分之三，这会使一些女教师因婚恋困难或异地婚恋而无法安心在当地工作。另一方面，有学者担心，很多大学生参加"特岗计划"是"抱着'骑驴找马'的心态，利用这3年的时间来寻找更好的就业机会，或考公务员，或利用特岗教师为跳板进入城镇学校"[1]。这一担心在本次调查中也得到了证实。"考取了公务员"与"考取了公职老师"都是特岗教师任期内离职的主要原因。

① 王敏. 利益的博弈：理性视角下的"特岗计划"[J]. 现代教育管理，2011（1）：85.

2006年威宁县招聘1 000名国家级特岗教师，都安置在农村初级中学上课，入编了778人，流失222人，流失率为22%。

2008年招聘了国家级特岗教师1 000人、省级特岗教师1 000人、地级特岗教师1 000人，分别安排到农村初级中学490人、农村小学2 510人，接转2 755人，流失245人，流失率为8%。

2009年招聘了国家级特岗教师600人、县级特岗教师200人，都安置在农村初级中学任教，流失101人，流失率为12%。

2010年招聘了国家特岗教师895人、县级特岗教师894人，其中安置在农村初级中学623人、农村小学1 166人，流失28人，流失率为1%。

来源：《"农村义务教育阶段学校教师特设岗位计划"政策调研报告》（贵州省分报告）

2009年以来，洛阳市9个设岗县市分三批先后共招聘特岗教师2 726名，极大地缓解了部分县市教师老龄化严重、教师缺编、部分学科缺人的问题。截至目前，洛阳市有2 664名特岗教师服务在农村教育一线，只有62名特岗教师转岗或者流失，流失率为2.28%。

来源：《"农村义务教育阶段学校教师特设岗位计划"政策调研报告》（河南省分报告）

在矛盾中选择了坚守

在这个山沟里，还有很多像我一样的大龄男教师对爱情和婚姻可望而不可求。我们何曾不想结束自己的单身生活？可是，在这个年代，有哪个姑娘愿意和我们一起留守清贫？更何况这个地方，女孩子少得出奇。边远山区，艰苦的工作环境，微薄的工资待遇，这样的条件，我们总是被好多女孩拒之千里。我们没有楼房，只有学校的一间宿舍；我们没有轿车，只有一辆二手摩托车，可以在某个周末载着我们一探外面的精彩世界……

——"我的特岗故事"征文摘录（甘肃）

离开大学校园一个多月后，作为一名光荣的特岗教师，我开始工作了，地点是陕南一所村小。坐公交车从县城出发，经过75公里崎岖的山区公路，颠簸着来到镇上，再在羊肠小道上步行一个半小时，到达目的地。学校有2间教室、2名教师、29名学生。喝的水要从一公里之外往回挑，买菜来回要走4个小时山路。这里，没有网络，没有报纸，没有电视信号接收器，我的CDMA手机没有信号……

——"我的特岗故事"征文摘录（陕西）

早上你正在床上想着吃什么早餐的时候，我们山里的老师已经握着红笔在批改学生的"早背"作业了；当你抱怨一天或一周的工作量太大而强烈要求减压时，我们山里的老师正默默地坚守着最后一节课；当你埋怨一个月加班太多时，我们山里的老师正在课余写教案、批改作业；当你晚饭后和同事打牌或者喝酒时，我们山里的老师正喝着杯里的淡茶蹲守着学生上晚自习。这所有的一切我们都不在乎……我已经开始体会到爱和付出给自己带来的快乐和幸福，我正在自己喜欢的领域里挥洒青春和汗水。因为始终有一个声音在呼唤着：老师……老师……

——"我的特岗故事"征文摘录（云南）

不少特岗教师都是在经历疑惑、痛苦、彷徨的心路历程后才选择留任的。许多特岗教师都有过从当初的不适应到适应，再到喜欢乡村学校和学生的过程。他们离开了灯红酒绿的城市，离开了五彩斑斓的校园，在相对纯净而自然的环境中，心灵得到净化与陶冶，淳朴和清新的农村学校和学生是最吸引他们的地方。

打动他们，把他们留下，使他们甘愿把自己的青春奉献给农村教育事业的有校长和同事的热情，更多的是因为淳朴而可爱的孩子。似乎每位特岗教师与孩子们之间都有些感人的小故事。特岗教师陈士凌说："在这里的每个教师节，我虽然没有收到过大束大束的鲜花，但是孩子们踏着泥泞的山路采来的一朵朵小野花、羞涩地从兜里掏出攥得有些变形的糖块都让我感动。"

陈兰花现在已经是青海湟中县国寺营中学的一名化学教师了。一个人在外工作，远离父母亲人，有种无助而飘零的孤独感，但学生和家长对她的关怀真正温暖了她的心。"那时正好是冬天，是一年中最冷的一段时日，值班老师打电话通知我，说外面有学生找，我穿上棉衣出去，发现是九

这里没有喧嚣的人流与车流，没有闪烁的霓虹灯，却多了几分乡村学校特有的宁静和清新。我在的那所学校环境清静，空气也清新。春天可以上山闻闻满山的野花，夏天有葱绿的玉米地，秋天有金黄的豆田和满山随风飘零的落叶，冬天的天空时不时会飘下一点点多情的小雪。

——"我的特岗故事"征文摘录

每次从县里参加活动回来，孩子们都会在我下车的路口等着，看见我，一拥而上扑到我的怀里，说一句"老师你怎么才回来"，然后紧紧地拉着我的手一直走到教室才安心地放开，自己去玩。面对这样懂事的孩子，我还有什么理由叫苦叫累？他们用坦诚而炙热的目光温暖了我自卑冷漠的心，乡村醇厚质朴的情感慢慢洗涤了我带有些许杂质的灵魂。

——"我的特岗故事"征文摘录

她是五年级的学生，从小就没有母亲，父亲常年有病，她跟着七十多岁的奶奶生活，从上学开始到现在很多老师给她买过衣服，孩子十分懂事。她自己洗衣服，而且在生活上也帮助了我很多。刚开始我不会点火，她就帮我点火；晚上我不敢上厕所，她会陪着我。跟同龄的孩子相比，她更多了几分成熟。她可以照顾低年级的学生。由于经济条件的限制，孩子几乎没有新衣服，小零食、水果更是没有。我有什么吃的就给她。在课堂上她是我的学生，在生活中她更像是我的妹妹。后来我向学校申请，搬到了她的寝室。这段日子我们相处得很融洽，我们之间更多的时候是彼此依靠。

——"我的特岗故事"征文摘录

年级的两个学生。等我走到墙角，那女同学说：'老师，今天晚上我们家吃饺子，我给你带了点，我妈妈怕饺子粘一起，放锅里煎好了，你赶紧趁热吃吧！'当时我真的感动得差点流泪。"

经历了成功与失败，走过了迷茫与无助，尝试了劳动的辛苦，体会了深刻的孤独，特岗教师们就在这样的道路上逐步坚定了自己走下去的信念。家人的信任支持也是让特岗教师们坚持下去的重要支柱，而领导的信任和同事的帮助更为他们带来了更多勇气和动力。

学校在半坡之上，说是学校其实只是两个教学班，不足80人。学校没有校舍，只能借村公所和租用民房进行教学。孩子们对我的到来，倍感兴奋的同时也显得小心翼翼，他们似乎在用琅琅的读书声，来挽留我这个建校二十多年来的第一个编制教师。那种渴求接近乞求，忐忑里布满惶恐和无奈。学校给我安排的宿舍也在村公所里，一道似有似无的木门，关不住月光和冷风。睡在地铺上的我，几乎不敢挪身。因为只要我轻轻一挪身，便能随时溅起一层灰。第二天，乡亲们像看稀奇和热闹一样，团团围住我。嘘寒问暖的体贴，却也瞬间给了我亲人般的温暖……东家的扫帚、西家的盆子，七手八脚地帮我打扫宿舍，热情地邀请我去家里吃早饭。

——"我的特岗故事"征文摘录（贵州）

有的学生为了上学，早上三四点钟就要起床，走好远的山路，到了马路之后才会坐上汽车来学校上课。中午吃饭就在学校大门口的小卖店买一包五角钱的方便面吃，有的学生家里穷，中午饭有时候就不吃了；有的孩子的父母都出去打工了，他们都是由爷爷奶奶带的，很长一段时间都看不到自己的爸爸妈妈。一次家长会结束后，有的家长又要去打工了，我看见孩子们抱着自己的妈妈哭得泣不成声，嘴里喊着："妈妈你能不能不走？"妈妈也是泪流满面，但是为了赚钱养家，还是与他们告别了，当时我的心里酸酸的。了解他们之后我才感觉到原来我是那么的幸福。

——"我的特岗故事"征文摘录

政策规定特岗教师有3年的服务期，结束这段服务期后他们就要选择自己的去留。是回到繁华的城市、享受更加便利舒适的生活环境，还是留在乡村学校做一个"孩子王"？对不少人来说，这是个艰难的选择。

无论3年之后，他们如何选择，这段奋斗的青春都将在他们心底镌刻下美好的回忆。

怀有这样想法的特岗教师还有很多很多，他们都在自己的岗位上默默地耕耘奉献，更有许多人坚定了把自己的一生献给这片土地、献给乡村教育的理想。因为孩子们需要关怀、农村教育需要改善、国家需要奉献，这些需要会聚成一股强烈的使命感，让他们坚定了自己的选择。

3月份新学期即将开始了，我有了新的想法。我不知道我在这里能够走多远，但现在我也想明白了，我所能做的就是埋头前进。人就像骆驼一样，穿越人生的沙漠，一步一个脚印地向心中的绿洲前进。

——"我的特岗故事"征文摘录

不管自己走不走，在这里一天，我就要把知道的知识传授给他们。把我的青春奉献给教育事业，让这些孩子学到最标准的语言。

——"我的特岗故事"征文摘录

虽然，这个地方比较落后，但我觉得我实现了我的人生价值。作为一所普通大学中的一个普通的我，能有这样一份工作已经不易了。

——"我的特岗故事"征文摘录

现在回头想想，无论是就业的逃避还是缘分的选择都是值得庆幸的，我爱上了这些孩子，爱上了这份工作，我要为天底下最阳光的事业，坦坦诚诚、兢兢业业地付出我这一生。县里缺了我这样一位老师可能没什么，但这里有了我这样一位老师，孩子们就不用挤在一间教室里等老师来上课，就不用披星戴月挤头班车去县里上自习，就不用每天都就着凉水吃早上带去没地方热的饭菜了。

——"我的特岗故事"征文摘录（黑龙江）

跨文化的喜与忧

在"特岗计划"实施之前，广大的农村地区小学与初中教师绝大多数都是当地人。当地人担任教师有利有弊，有利的一面在于作为土生土长的当地人，他们并不会出现特岗教师所遭遇的语言、风俗等跨文化困境，而这对于他们的教育教学工作的开展是十分有利的。农村社会是熟人社会，这些教师，尤其是村小的教师对班级里孩子的父母都比较熟悉，能够和父母保持有效的沟通。而村民们也都比较信任教师，认为教师和家长一样，都想让自己的孩子学好成材，所以对他们的教育工作都比较支持。而教师出于乡里乡亲的面子，对教学也比较上心，尽管他们的能力相对特岗教师稍微差些。但与此同时，熟人社会就意味着教师与学生家长的关系是有亲疏远近的，他们对学生家长的态度可能会自觉不自觉地迁移到孩子身上，从而有厚此薄彼的危险。

第一次单元测试，批改出来后，40分以下一大片，但问题更严重的是，有些考0分、2分、4分的学生，一道题我讲了两三遍怎么还是一脸茫然？一时间我对教师的满腔热情顿时消失得荡然无存。经过后来与当地教师的交流，我了解到，所在学校的学生都是农民的孩子，家长几乎全部外出务工，很多学生都由其爷爷奶奶监护，有的学生没有人管理，只得自己管自己；还有的学生不但要管自己，还要照顾读小学的弟弟、妹妹，负担重，压力大。导致学生厌学、辍学极其严重，很大一部分学生没有形成良好的学习习惯。

——"我的特岗故事"征文摘录（贵州）

一个同事对我笑谈："你们班转走的都是成绩好的同学呢。"确实，两个学期下来，班上转走的都是第一名，有一种潜在心理：难道我们班留不住人才？自己辛苦培育的好苗子都转走了！其实我内心是高兴的，因为他们有的可以不用再做留守儿童了，可以和父母在一起了；有的转到了城里的学校，教学条件更好了；有的去了哥哥姐姐的学校，不用每天起早摸黑走那么远的山路了。我一直都相信，树木长得过于茂盛不见得是好事，护林人员还要给它们修枝杈，让其他的枝叶也可以沐浴到阳光，所以我并不懊恼学生的离去，只要我珍惜和他们度过的每一天，那么就没有什么好遗憾的。其实做老师愿望很简单的，我们只希望每一年、每一届学生中，有那么几个不错的学生。这样可以让我们的付出有所交代，不至于一年没有"收成"。

与土生土长的当地教师相比，特岗教师有劣势，也有他们独特的优势。在不同的文化境遇中工作生活，可谓一则以忧、一则以喜。忧的是这些特岗教师会遭遇语言、风俗习惯等不同文化，适应农村社会的生活有一定的挑战，尤其是在一些少数民族地区，由于完全不懂当地少数民族的语言，在与家长沟通、家校合作方面困难重重。而农村又是熟人社会，作为"外来人"的特岗教师一开始难免会感到融入当地的困难。而且由于没有血缘、地缘关系，这些特岗教师对于当地农民一开始可能会存在感情上的隔阂，没有那些土生土长的教师们对当地农民的感情深，而这些可能减弱学校教育对当地社区的辐射作用，这是值得我们注意的。

在喜的方面，主要表现在以下两点。第一，特岗教师是受过高等教育的应届毕业生，他们知识水平高、综合素质好，具有很高的教育教学能力，他们到基层农村工作，在锻炼自己的同时，也促进了农村地区教育

在我们这些特岗教师来之前，这里的孩子几乎没上过美术课。当我拿出五颜六色的彩色铅笔时，他们好奇极了。一个孩子拿着彩色铅笔，小手在图纸上空徘徊了好久，迟迟不见他下笔。于是我好奇地走过去，亲切地对他说道："是不是还没有想好要画什么啊？"孩子抬起小脑袋天真地望着我："老师，我害怕，我怕把这么可爱的画笔弄坏了。"就这么一句天真的话，却深深刺痛了我的内心，凭什么贫困山区与城里差距这么大呢？

传统招法的地方保护主义很严重，只招本地人，以大专中师为主，教师整体文凭达标很慢。特岗是全国都可以来考，来源更广，招来的教师文凭结构、学科结构、地域分布，各个方面都得到了优化，对教师素质提高很有好处。不光是解决了财政负担问题，更主要的是满足了义务教育基本需要，提高了教师整体素质。

事业的发展。第二，这些特岗教师的到来，打破了熟人社会的关系网，更加有利于教师在教育教学中公平、公正地对待学生，避免了熟人社会亲疏远近的弊端。

跨文化的障碍不仅表现在城乡之间、都市文化与乡村文化之间，语言障碍和生活习惯的不适应问题在少数民族地区尤为突出。

这是个少数民族居住的地方，即使你用标准的普通话与孩子交流，孩子们也会露出一副不解的样子，语言的交流是我要踏过的第一道坎。耐心漫长的交流，学习当地方言才能逾越师生之间的语言障碍。

——"我的特岗故事"征文摘录（贵州）

可见，尽管特岗教师在乡村学校一开始都曾面临着文化、语言、风俗等方面的适应问题，比如不熟悉当地的文化与环境，对当地社区的文化影响力有限等，但他们是受过高等教育的时代青年，有着自己独特的优势，经过一段时间的文化融合与生活磨炼，他们的文化不适会逐步消失。

特岗教师需求数量的预测

如何预估县级特岗教师的需求数量？课题组仅以华北地区某设岗县（以下简称L县）为例，对该问题进行深度分析。L县属全山区县，全县共有各级各类学校96所，初中7所，九年一贯制学校3所，小学58所，幼儿园23所，教学点136个。课题组通过考察该县当下教师配置情况及近几年学龄人口的变化，预测该县教师的需求数量。

在"特岗计划"实施之前，L县的教师主要有民转公教师、公办教师、代课教师三类。到2009年全县尚有179名代课非在编教师。2009年以后，"特岗计划"成为中小学教师补充的主要渠道。到2011年，3年共招聘380名特岗教师。这些特岗教师全部安排在6所初中以及18个乡镇、农村小学和教学点。

L县中小学教师配置现状

2011年L县全县中小学生和幼儿园入园儿童共计41 522人，其中小学生21 726人，初中生7 738人，高中生3 480人，在读幼儿8 578人。

教师数量配置状况

据L县所在省人民政府关于中小学教师的配置规定，该省农村中学按师生比1：18配置教师，农村小学按师生比1：23配置教师；县镇中学按师生比1：16配置教师，县镇小学按师生比1：21配置教师。根据中小学教职工编制标准测算，2011年L县各级专任教师应有教师数为小学988人、初中455人，与实有教师数（小学1 222人、初中536人）比较，小学教师超编234人，初中教师超编81人。

教师学历、年龄、学科配置状况

（1）教师的学历合格率

从学历情况来看，按照小学由中等师范学校（高中）毕业生任教，初中需由专科毕业生任教，L县镇区和农村学校教师学历合格率普遍较高，义务教育阶段学校只有农村初中有不到3%的教师学历不合格。但如果把小学和初中阶段专任教师的学历分别提升到专科和本科层次，L县小学教师的学历合格率只达到19.63%，初中教师的学历合格率只有51.87%，学历层次有待大力提高。

（2）教师的年龄结构

L县教师年龄分布主要集中在31-45岁之间，教师队伍整体比较年轻。45周岁以上教师所占比例较小，主要原因是过去几年有多名教师退休。30岁以下教师的数量也较少。

小学教师的年龄主要分布在31—50岁，占全体小学教师的59.57%，51—60岁的占24.13%，30岁以下教师的比例较小，占16.31%。其中，农村小学教师的年龄明显要比县城小学教师的年龄大。

初中教师中45岁以下教师占到了86.42%，比较年轻，年龄分布比较均匀，年龄结构比较合理。总体上看，县城初中教师要比农村初中教师年轻。

L县幼儿园教师以中老年教师为主，其中46岁以上的占了28.34%，30岁以下的只占14.64%。

总的来看，L县教师的年龄结构存在以下问题：一是年龄分布不均匀，特别是30岁以下教师比例偏小；二是小学和初中教师农村普遍比县城的年龄大，幼儿园教师老龄化现象十分严重，教师青黄不接，面临断层。

（3）教师的学科结构

专任教师的需求有两种测算方法，一种是该省教师编制核算的生师比标准（见公式2），另一种是班师比取1：1.8（见公式3）。折算公式为：

某科需配备教师数＝该科课程时数／总课时数×专任教师需求总数　　　　1

专任教师需求总数＝在校生人数／生师比　　　　2

专任教师需求总数＝班师比×在校生数／分类班额　　　　3

①小学阶段：按照生师比标准测算的结果，L县县镇小学和农村小学的综合实践课、音乐、体育、美术等课程的教师均不足，语文、数学教师则过剩，见表18。

按照班师比，L县县镇小学综合实践课、音乐、体育、美术等课程的教师均不足，而农村小学不仅综合实践课、音乐、体育、美术等课程的教师不足，而且思想品德、外语、科学课的任课教师也不足，见表19。

②初中阶段：按照生师比标准测算的结果，L县县镇初中的综合实践课、音乐、体育、美术等课程的教师均不足，语文、数

表18　2011年L县小学各科教师数量余缺情况（按生师比计算）

学段	地域	各科	语文	数学	思想品德	科学	外语	综合实践	体育	音乐	美术	其他
小学	县镇	实有	186	176	55	33	52	24	25	20	23	13
		应有	138	79	53	33	27	40	72	36	36	53
		差额	+48	+97	+2	0	+25	−16	−47	−16	−13	−40
	农村	实有	289	218	38	40	25	19	17	9	12	55
		应有	84	48	32	20	16	24	44	22	22	32
		差额	+205	+170	+6	+20	+9	−5	−27	−13	−10	+23

表19 2011年L县小学各科教师数量余缺情况（按班师比1：1.8测算）

学段	地域	各科	语文	数学	思想品德	科学	外语	综合实践	体育	音乐	美术	其他
小学	县镇	实有	186	176	55	33	52	24	25	20	23	13
		应有	100	57	38	24	19	29	52	26	26	38
		差额	+86	+119	+17	+9	+33	−5	−27	−6	−3	−25
	农村	实有	289	218	38	40	25	19	17	9	12	55
		应有	202	116	77	48	39	58	106	53	53	77
		差额	+87	+102	−39	−8	−14	−39	−89	−44	−41	−22

学、物理、化学等学科教师过剩；农村初中的各科教师均过剩，但音乐、体育、美术、综合实践课等课程的超编数量要比语文、数学、物理、化学的超编数量小，见表20。

按照班师比测算，L县县镇初中多数课程的教师超编，农村初中所有课程均超编，见表21。可见，不管用师生比还是用班师比来测算，农村学校教师均超编，这种情况与L县的教育布局有很大关系，L县很多乡镇的小学生毕业后就到县城读中学了，因此农村学校中学办学规模小，不但班额小，班级数量也少，很多农村初中只有两三个班级，每个班级人数在二三十人，要想开齐所有课程，必须根据学校班级的开设课程数来测算所需教师数量，根据既有的标准，无论是班师比还是生师比来测算，都无法保证教师需求。

表20 2011年L县初中各科教师数量余缺情况（按生师比计算）

学段	地域	各科	语文	数学	物理	化学	生物	政治	历史	地理	外语	综合实践	体育	音乐	美术	其他
初中	县镇	实有	49	46	17	10	16	27	22	17	45	13	13	8	9	15
		应有	44	38	15	9	15	17	17	12	36	27	18	9	9	36
		差额	+5	+8	+2	+1	+1	+10	+5	+5	+9	−14	−5	−1	0	−21
	农村	实有	27	30	42	7	22	18	12	10	21	13	10	7	6	35
		应有	17	15	6	3	6	7	7	5	14	10	7	3	3	14
		差额	+10	+15	+36	+4	+16	+9	+5	+5	+7	+3	+3	+4	+3	+21

表21 2011年L县初中各科教师数量余缺情况（按班师比1：1.8测算）

学段	地域	各科	语文	数学	物理	化学	生物	政治	历史	地理	外语	综合实践	体育	音乐	美术	其他
初中	县镇	实有	49	46	17	10	16	27	22	17	45	13	13	8	9	15
		应有	23	20	8	5	8	9	9	6	19	14	9	5	5	23
		差额	+26	+26	+9	+5	+8	+18	+13	+11	+26	−1	+4	+3	+4	−8
	农村	实有	27	30	42	7	22	18	12	10	21	13	10	7	6	35
		应有	12	11	4	2	4	5	5	3	10	11	5	2	2	10
		差额	+15	+19	+38	+5	+18	+13	+7	+7	+11	+2	+5	+5	+4	+25

从以上分析可见，L县教师结构不合理。在数量上，总量超编。年龄结构上，30岁以下教师比例偏小，农村教师年龄普遍大于县城教师。在学科结构上，传统学科如语文、数学、物理、化学等学科教师超编，而外语、音乐、美术、体育、综合实践和思想品德等学科教师不足。

总量超编的主要原因是，首先，农村地区尤其是边远贫困山区地广人稀，小学尤其是教学点比较分散，为满足实际的教学需要，很多地方需要增加超过现行教职工编制标准的教师数才能开齐课程。农村教职工编制过紧，要配齐教师，就必然会超编。其次，有一部分家庭条件较好的学生去县镇等地的学校借读，使得农村学校班容量不足，而县城学校班额普遍较大，导致农村的教师相对有余。

未来5年①L县中小学教师需求预测

学龄前人口

L县现有学前3年适龄幼儿9 946人，其中县城4 260人，农村5 686人。根据全县年度人口出生率和实际出生人数预测，学前3年适龄幼儿2012年达到11 346人，其中县城4 960人，农村6 386人；2013年达到12 446人，其中县城5 360人，农村7 086人；2014年达到12 946人，其中县城5 560人，农村7 386人；2015年达到13 142人，其中县城5 655人，农村7 487人。

今后5年在校生生源变化趋势

根据学龄前儿童人口数，及当地各学段的升学率，预测未来5年各学段学生规模。预测公式如下（以2012年为例，以后各年依次类推）：

小学2012年在校学生数=2011年在校学生数+5岁年龄人口数－六年级学生数

初中2012年在校学生数=2011年在校学生数+六年级学生数×小学升学率－初三学生数

根据L县所在省份"十二五规划"目标，小学升学率按100%计算，初中升学率取92%。

根据这样的推算，2011—2015年，L县小学生数将维持一定的增长后趋于稳定，但初中学生数则不断上升，相应地需要增加一定数量的教师，见表22。

表22　L县各类学校在校学生数及预测变化情况

学段 \ 年份	2010	2011	2012	2013	2014	2015
小学	19 850	21 726	22 143	22 677	22 640	22 469
初中	7 894	7 738	8 402	9 133	9 953	10 741

① 根据调研的时间安排，未来5年指2011—2015年。

中小学教师需求数量和补充量预测

根据预测的学生数,通过生师比、班师比来预测未来需要的教师数,并减去当年教师自然减员数。中小学教师需求数量的具体测算方法有以下两种。

(1) 供给量的计算方法

假定学校不再增加教师,2012年教师供给=2011年教师总量−2012年自然减员教师数。

(2) 教师需求数量的测算方法

方法一:2012年教师需求数量根据本文预测的学生数,通过生师比来预测未来教师数,由于学生数的预测无法区分城镇和乡村,所以计算总的教师需求数量是取县镇和农村的平均值,即小学1:22、中学1:17。

方法二:若假定班级数量不变,对小学教师的需求数依据班师比1:1.8来计算。

专任教师编制数=(在校学生数/标准班额)×班周课时数/教师周授课时数。

● 教职工年度自然减员及预测

预测依据:根据男教师60岁、女教师55岁的退休年龄,分男女推算L县教师2011—2015年的自然减员情况。2012—2015年,小学教师的减员人数年均在30人以上。初中教师每年也有5人左右退休(见图23)。

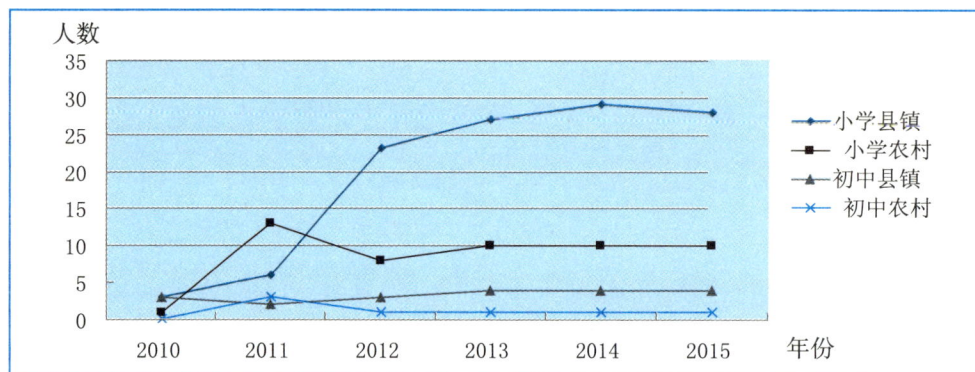

图23 L县中小学教职工自然减员趋势预测

通过生师比计算:根据预测的学生数,并剥离当年教师自然减员数后,小学未来5年人员依然饱和;初中则在2015年需要增加教师;幼儿园于2011年、2014年、2015年每年均需增加300名以上的教师,2012年需增加164名教师,2013年需增加267名教师,见表23。

通过班师比计算:根据预测的学生数,并减去当年教师自然减员数后,县镇中小学在2015年需要增加教师;农村中小学则在2011—2015的5年间,每年均需增加150余名教师;初中在2015年需要增加教师,见表24。

以上预测分析可见,在未来5年,随着各级学校入学人数的增加,如果根据生师比计算,小学教师饱和,幼儿园的教师缺口很

表23　2012—2015年L县中小学专任教师供给与需求预测（按生师比测算）

学段	年份	2011	2012	2013	2014	2015
小学	供给	1 222	1 191	1 154	1 115	1 077
	需求预测	988	1 007	1 031	1 029	1 021
	余缺	+234	+184	+123	+86	+56
初中	供给	536	531	527	522	517
	需求预测	455	420	456	497	537
	余缺	+81	+111	+71	+25	−20
幼儿园	供给			349		
	需求预测	686	513	616	734	679
	余缺	−337	−164	−267	−385	−330

表24　2011—2015年L县中小学专任教师供给与需求预测（按班师比测算）

地区	年份	2011	2012	2013	2014	2015
县镇	供给	518	495	468	439	401
	需求	411	411	411	411	411
	余缺	+107	+84	+57	+28	−10
农村	供给	704	688	678	668	658
	需求	828	828	828	828	828
	余缺	−150	−160	−170	−150	−160

大。但如果根据班师比测算，农村小学的教师缺口很大，每年需要增加150多人。

我国农村学校教育的情况各有差异，对教师需求数的计算除考虑教师的年龄、学科、编制外，学校布局等因素也要考虑在内，因此不同地区的未来教师实际需求数必定会有不同。但L县教师需求数的预测可以在一定程度上反映农村地区学校教师队伍的基本情况，也可以为如何测算农村学校教师未来需求数提供参考。

教师从教能力的高低是衡量教育质量的一项重要指标。要让教师有效地应对一个正在变化的世界提出的各种要求，就必须要求他们掌握所教学科的专门知识、进行有效的教学实践、了解相关的技术，并能与其他教师、社区成员和学生父母协作。

——《全民教育：提高质量势在必行》

农村教师队伍建设依然是影响农村教育发展的突出问题，教师的整体素质仍然有待提高，教师的收入和待遇还有待改善，教师管理机制还有待完善。能否尽快造就一支规模宏大、业务精湛、结构合理、充满活力的农村教师队伍，关系农村教育发展的全局，是一项十分重要而紧迫的任务。

——温家宝

7.挑战、建议及前景

- "特岗计划"政策的挑战
- "特岗计划"的政策建议
- "特岗计划"政策的前景展望

"特岗计划"政策的挑战

"特岗计划"执行6年来，取得的成效有目共睹，但从长远来看，在政策的全局设计，特岗教师的工资待遇、结构布局、后续培训发展等方面还有很多地方需要进一步优化完善。

政策设计方面

首先，特岗教师3年聘期的规定，既反映出试图构建农村教师补充长效机制的政策努力，又反映了对目前中西部农村经济文化生活的现实隐忧，透露出政策制定者在权衡教师流转与长期稳定问题上的犹豫。虽然目前特岗教师的留任率很高，但基层管理者依然表达了对特岗教师队伍稳定性的担忧，这在一定程度上可以反映出特岗教师职位的吸引力尚需进一步提高。

其次，随着"特岗计划"实施面的扩大、特岗教师人数的增加，最初设定的计划实施原则和步骤需要重新思考与修订。比如，"相对集中，成组配置"，一方面与地方的实际需求易有矛盾，另一方面在特岗教师累积人数增多的情况下，已逐渐失去

其必要性。"侧重初中，兼顾小学"，只能视为当年特定条件下的一种权宜，否则不仅容易有忽视小学教育专业性之嫌，而且还容易忽视农村义务教育最为薄弱、也最为基础的环节。2012年的政策调整已解决了这个问题，详见附录。

再者，虽然"特岗计划"的实施范围正在不断扩大，但中西部地区还有许多地

四川省目前有98个县被纳入"特岗计划"实施范围，但只有86个县实施了"特岗计划"，其他12个县尚未实施。究其原因，在于这12个县都是边远的民族地区县，财政全部是中央财政全额转移支付，每一分钱都来自国家。特岗教师的补贴标准是国家每年人均20 540元，其余部分由县财政补贴，同时国家要求特岗教师工资水平必须与当地在编教师工资一致。这就意味着，在这些极其贫困的民族县，如果招聘一个特岗教师，县财政就必须每年多拿出9 000元补贴。如该省道孚县人口只有几万，县财政年收入只有100—200万元，完全没有能力实施"特岗计划"。如此，这些中央财政全额转移支付的县就没有了实施"特岗计划"的热情。

来源：《"农村义务教育阶段学校教师特设岗位计划"政策调研报告》

方的农村教育存在着教师数量短缺、质量低下的严重问题，它们并不一定都属于国家级开发贫困县的范围，但鉴于当地的经济社会发展状况，同样需要一种补充机制的支持。这需要仔细评估"特岗计划"的财政可支持额度与不同地区农村义务教育教师需求的迫切程度。

特岗教师工资待遇方面

首先，特岗教师既有全国统一明确的工资标准，但政策文本中又强调特岗教师的相关待遇等同于当地正式中小学教师。后半句在一些地方受到有意无意的误读，导致全国各省份之间，甚至省内部各县之间，特岗教师的工资差异颇大，工资高者可以超出工资低者约一倍。个别地方还存在工资被拖欠、不能足额发放的现象。

其次，贫困地区财力的后续支撑困难，相关配套政策还未出台。虽然特岗教师的岗位设置都由各县四部门联合论证、申报产生，在原则上可以保证特岗教师期满留任的问题，但是财政困难、教师难以补充的贫困县（市），"寅吃卯粮"是常见的事情，3年后留任教师的工资发放将纳入当地财政统发，对地方的安置能力将是一个重大考验。

特岗教师结构布局方面

研究发现，在条件艰苦、乡镇以下的学校，教师仍然短缺。虽然国家提出"特岗计划"要"严格掌握用人标准，以应届本科生为主"，但从实施情况看，特别是一些艰苦地区和一些急需学科，既招不到本科生，又不能招专科生，满足不了实际需要。特岗教师所考非所学、所考非所教、所教非所学、所任科目繁多现象比较突出。这既与农村缺乏合格师资的困境有关，也与一些特岗教师职位缺少合适的报考对象有关。与此同时，一些地方反映初中地理、化学、生物教师招聘困难。极少数特岗教师的周课时数甚至达到了30个课时以上，这种过度使用特岗教师的现象既反映了农村合格师资的缺口程度，也在一定程度上影响了特岗教师的正常生活与自身学习，不利于"特岗计划"的稳步推进和持续效益。

以贵州省威宁县为例，义务教育阶段实现"两基"之后，下一步按照全国全省的要求将追求均衡发展。目前贵州省威宁县的中小学师生比为：小学1：26，初中1：27。而初步均衡的要求是中小学教师、教职员工和学生比例达到1：18以下，这就需要更多的教师补充进威宁的师资队伍。按照贵州省2012年义务教育基本均衡的标准和要求，威宁县还差5 500名教师。

特岗教师培训方面

虽然"特岗计划"在开始实施时，就关注培训上岗、专业支持等环节设计，但实际上在招聘工作结束到新学期到校工作，给予特岗教师岗前培训的时间并不充分，尤其是对一些非师范毕业或教非所学的大学毕业生，其专业能力以及对上岗地区文化适应上的准备都有待加强，而具体的培训内容与方式则有待进一步研究。

"特岗计划"的政策建议

针对以上问题，我们提出如下建议。

突出政策目标指向，充分发挥政策效益和创新效应

参照教育部发展规划司《中国教育事业发展统计简况·2011》提供的数据，目前全国县镇以下的农村初中学校还有28 707所，班级348 091个；农村小学210 894所，教学点65 447个，班级1 667 992个。农村义务教育阶段虽然经过撤并调整，总量有所缩小，但这些暂未撤并或无法撤并的学校、班级对高质量师资的需求依然很大。从现有数据上看，全国初中学校专任教师中高中及以下学历的教师总量还有47 566人，小学专任教师中高中及以下学历的教师总量还有1 219 716人，他们绝大多数都在农村中小学，可见农村师资队伍结构性改善仍任重道远。

如果参照中西部地区（除西藏）农村义务教育阶段教师543.5万人，每年以总量的2%—3%自然减员的估算，每年中西部农村义务教育所需补充的教师数量为11万—16万人。因此，考虑到农村义务教育师资队伍建设的迫切性和重要性，必须进一步实施"特岗计划"，扩大其受惠范围，改进并调整原有政策中的一些不适应当前情况的原则与方法，突出政策目标指向，充分发挥"特岗计划"的政策效益和创新效应，这些理应成为中央政府在新一轮政策周期来临之前的必然选择。具体建议如下。

强调事权不变，省级统筹

中央财政对贫困地区农村义务教育师资队伍建设的支持，并不影响到地方教育行政对教师补充与管理工作的权利与责任。省级政府应该认真核查全省贫困地区农村义务教育教师队伍的总量与缺口，核定县级财政力量暂时不足以承担教师队伍补充费用的贫困地区及其特岗教师需求量，督促县级教育部门强化事业单位编制观念及责任，按需配置，切实改进农村教师数量不足、学科结构失衡、年龄结构失衡的严重问题。因此，原定的特岗教师政策的受惠范围扩大，是指不要局限于现有政策所针对的中西部地区国家扶贫开发工作重点县，而要从中西部农村教育的客观现实出发，重新界定资助目标的地理性

单位，以真正惠及更多的贫困地区学校。

强调省级招考，保证质量

"特岗计划"的政策优势在于提升教师补充机制的监控层面，在更大范围内进行人才聚集与挑选工作，保证招考工作的公开、公正、公平，有力规避了低层级实施教师补充工作所可能存在的各种人为干扰，确保农村义务教育阶段学校教师队伍的整体质量。从2006年开始，各省就积累了丰富的教师补充招考工作各个环节的系列经验。我们要进一步组织开展相关的研究与总结，为保证下一周期"特岗计划"的顺利实施提供制度性的操作细则，进而为探索我国中小学教师的补充机制提供经验。

强调县级管理，定位使用

农村义务教育特岗教师的各种人事、业务管理工作，全部归属于县级教育行政部门管理，这既有利于增进全县教育事业发展的整体性与系统性，保证县级政府的教育行政管理职责，也有利于增加特岗教师对所处区域及教师群体的认同感，有利于教学工作的协同性与文化融入。关键在于要强调县级政府在特岗教师教育教学工作质量和相关待遇落实上所应负的领导责任。"特岗计划"是针对特定区域、特定学校而设置特定岗位，因此，要强化设岗点的必要性审核程序，强调特岗教师在服务期内坚守岗位工作的基本义务，确保设岗点的教育教学工作正常开展，这也是"特岗计划"政策价值实现的根本保障。

强调服务为本，动态调整

我们不仅要在特岗教师群体中宣传、弘扬服务农村教育、服务社会主义新农村建设的意识，更要强化各级教育行政部门对参加"特岗计划"的教师的服务意识，要将特岗教师相关待遇的落实、农村教师周转房的政策倾斜作为"特岗计划"的重要工作来抓，要将特岗教师的专业发展纳入当地教育人才发展的规划和计划之中，鼓励并提倡特岗教师开展各种教育教学研究工作，切实提高农村义务教育的整体水平。

提高工资待遇并督促落实

为提升特设岗位的吸引力，真正吸引更多的优秀大学毕业生从事教育工作，参照《中国统计年鉴·2010》提供的数据，2009年全国地方事业单位平均工资为32 450元，城镇单位平均工资为32 244元，教育行业平均工资为34 543元，一些西部省份如青海、宁夏等都超出或接近于这一平均值。它们都远高于特岗教师同年的工资标准——年均每人20 540元。其实，应该考虑特岗教师工作的特殊性与其所在工作区域的艰难程度，适当提高特岗教师工资水平，甚至应该略超当地教师平均工资数。可以综合考量以下四种津贴：超出正常工作量的额外报酬、3年时间的机会成本补偿、乡村教学点的交通生活补助、增加偏远地区岗位吸引力的地区津贴。

当然，特岗教师工资待遇的提高也需要充分考虑中央财政与地方财政的分担问题，既要充分考虑地方财政的承受能力，又要充分调动并确保地方政府的教师管理和动员责任。

建立公开、公平、自愿、择优的农村教师补充新机制

"特岗计划"政策设计的优点及成效并不意味着该政策已经臻于完善，更不意味着教师配置的均衡化和相关的教师工资待遇问题的真正解决与落实，正在实施的"特岗计划"实际上也具有极强的过渡特征，即通过中央财政持续10—15年的支持，形成我国新的农村教师补充机制，以充分保障农村教师的基本质量、数量及合理结构，实现城乡教育的均衡发展。

农村教师补充的新机制坚持目前已经初步形成的原则：

①国家标准，省级招考，县级聘录，学校使用；②公开，公平，自愿，择优；③按需设岗，按需报计划，按县级财政和编制可容量设岗。

此外，加强"特岗计划"及其相关配套政策的研究与完善，以国家教育中长期发展周期为时间跨度，重新构建"特岗计划"的实施原则与步骤，是一项长期性的任务。不仅要探索农村教师补充的长效机制，更要

将它与新时期农村教育发展的一系列教师政策，甚至包括国家层面的各种教师政策整合起来，统整思考，并进行系统性制度重建。

加大对"特岗计划"和特岗教师的宣传力度

"特岗计划"施行6年来，教育部及各地方教育部门都通过各种方式对"特岗计划"进行了宣传，设置"特岗计划"的招聘咨询网站、在高校就业部门加大"特岗计划"的宣传等，取得了一定效果。但也应该看到，目前的宣传方式和宣传侧重点主要集中在招聘、就业方面，对特岗教师的工作、生活细节以及奉献精神等方面的宣传报道比较缺乏。

特岗教师的工作条件艰苦，但多数特岗教师都留了下来，无私奉献、不畏清贫。应加大对特岗教师这种敬业、奉献精神的宣传，从精神、道德层面充分肯定这一代乡村教师的开拓、坚守、奉献的品质，让更多的人了解特岗教师。此外，特岗教师工作环境比较偏远，与外界通讯联络不是很方便，他们的困难、诉求难以为社会大众所了解，因此，在宣传中也要重视特岗教师们的基本生存和发展需求，让他们的诉求、声音得以表达，这也是保障特岗教师利益、保障"特岗计划"政策效果持久显现的重要方面。

"特岗计划" 政策的前景展望

职位特质与政策的核心内涵

从目前"特岗计划"的政策现实来看，"特岗计划"所提供的教师职位具有明显的特殊性，表现为以下几个方面（见图24）。

职期相对不确定。这是由"特岗计划"职位所具有的一定流动性特征所决定的，不仅在于用人单位和政策本身设定的期限限定，还在于特岗教师本人在全国性教育人才市场以及更大范围内的劳动力市场流动意愿驱动的结果，而这种流动意愿会因为区域政

治、经济、文化条件的状况而变化，也会因为个人及其家庭生活境况和心理状态而变化。与普通在岗教师相比，普通在岗教师虽也属有限期的聘任，但现实中其被动离职的可能性微乎其微。

岗位的特定性和特需性。这是由"特岗计划"政策目标的指向性所决定的。特岗教师的岗位在设定和使用上具有特定区域、特定学校、特定学科、特定人群、特定期限等特征，在适应性上具有满足特别需求、特别设置并有一定急迫性的特征。然而，我们也

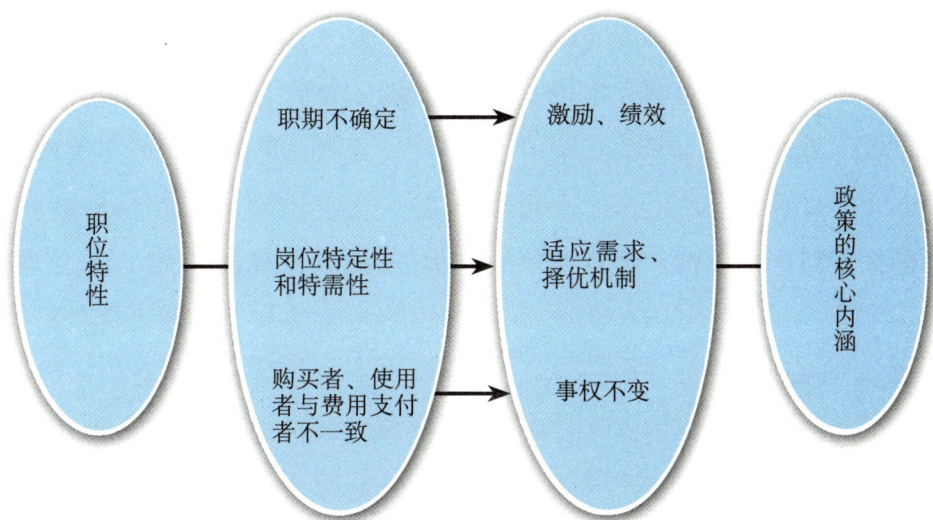

图24 "特岗计划"的职位特质与政策的核心内涵关系图

发现，由于区域经济文化条件相对不利，部分农村中小学校特别需要一些具体岗位的教师，但在实际使用中，其岗位会受到其他外部因素影响而发生变动。

岗位购买者、使用者与费用支付者不相一致的特殊性。这是由"特岗计划"政策手段的创新性所决定的，也正是由于这种不一致，为欠发达地区农村学校教育尽快实现标准化办学、提升教育质量创造了人力资源基础，也为切实实现义务教育均衡发展战略提供了行动机制。现行的国家"特岗计划"是由中央财政支付购买费用，省级"特岗计划"由省级财政专项购买，实际上也可以由特定社会团体、企业支付购买费用（实际上这种情况也存在，他们虽然在学校里工作，并按照教师进行招聘，但其工资与企业职工相同，有时要高于在岗教师）。

依照上述分析，我们可以看出，"特岗计划"政策的改进必须尊重"特岗计划"的三个职位特质，因为这些特质本身构成了"特岗计划"政策合理性的来源，也构成了"特岗计划"政策效果的根本来源。从"特岗计划"的三个职位特质出发，"特岗计划"改进工作必须相应地坚持三个政策核心内涵，即：①坚持"特岗计划"在实施过程中的政策激励、绩效考核、管理服务，这是由"特岗计划"的职期不确定特征所决定的；②坚持适应需求、择优机制，这是由"特岗计划"岗位的特定性和特需性所决定的；③坚持事权不变，这是由岗位购买者、使用者与费用支付者不一致的特殊性所决定的。

政策选项与走向分析

"特岗计划"的核心是岗位设置与人员管理，其基本工作流程也是按照岗位与人员两个核心对象展开的。从"特岗计划"政策文本看，也一直存在着岗位特征、就业性质上的权衡与选择。因此，如何看待并设定这些特设岗位以及就业人员的基本性质成为该项政策制定与实施时在利益权衡、价值选择上的焦点问题，"特岗计划"的改进与完善以及未来走向都无法回避对"特岗计划"自身的定位分析。

政策发展走向的选项分析

从现有岗位设置类型与事业单位人员就业类型出发，我们建立了一个双维度的分析框架，来分析"特岗计划"在制定与具体实施中必然面对的两对矛盾性的政策选项。特设与常设是岗位特征的考察维度，对应的是"特岗计划"的岗位设置；流动与稳定是就业特征的考察维度，对应的是"特岗计划"的人员管理。对这两对矛盾性的政策选项的倾向性选择将会直接影响"特岗计划"政策发展的具体内容、原则及干预对象本身。也就是说，"特岗计划"政策在未来发展走向上存在着四种可能的选择方向：①特设—流动；②特设—稳定；③常设—流动；

④常设—稳定。它们构成了"特岗计划"分析坐标的四个象限，并在政策所秉持的核心原则、基本政策内容、吸引人群的特征、政策工具选择以及政策选项的关键问题五个方面，呈现出明显差异（见图25）。这些"特岗计划"发展的不同选项，既会体现在各省在具体执行与实施的行为倾向之中，也会成为"特岗计划"未来发展的若干可能。

"特岗计划"发展的可能方向之一：特设—流动，即作为特别设立的流动岗位。在偏远落后地区的农村学校，特设的流动岗位意味着在原有学校组织人事管理框架之外，设立一种类似于农村特岗教师流动站的机构。它可以发挥特设与流动的双重优势，充分发挥市场创新的原则，为农村学校配置一部分年轻优秀的教师资源。因为它的流动性和特设特征，教师拥有一定时长的服务期限和针对性强、目标明确的教育服务任务，并且需要接受服务期满后的绩效评估。在一定意义上，它强调的是流动岗位教师所带来的实际效应，因此需要一系列的组织类政策工具予以支持。作为一项重要的职业经验，它所具有的挑战性、流动性以及对未来职业生涯的想象与规划，无疑会将选拔对象限定为年轻优秀、有激情、有理想的教育专业人员。它存在的关键问题是：如何才能保证实现并评估流动岗位教师的工作绩效？

"特岗计划"发展的可能方向之二：特设—稳定，即作为特别设立的稳定岗位。为中西部欠发达地区的农村学校特设岗位，并力争使应聘该岗位的教师能够长期稳定地在

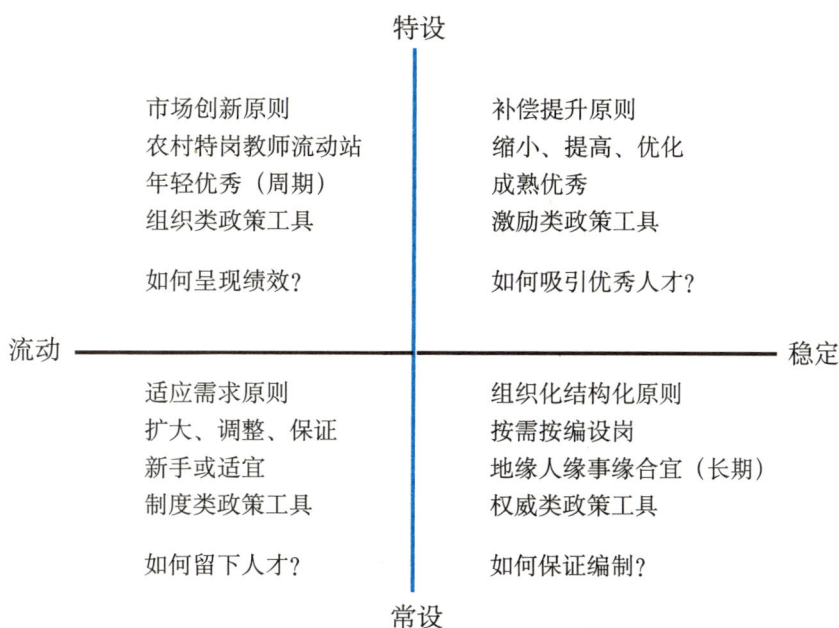

图25 "特岗计划"政策发展走向的选项分析

此从教，并成为学校教师团队中的稳定的正式成员。它发挥特设岗位的优势，遵循补偿提升原则，既为农村学校特设岗位，又努力使特岗教师安心从教，从而建立一支稳定的农村学校教师队伍。缩小农村学校与城市学校在师资水平上的差距、提高农村学校教师队伍的专业素质水平、优化农村学校教师队伍结构，自然就成为该政策的主要目标和干预内容。因此，这种政策发展走向的"特岗计划"将会采用一系列的激励类政策工具，选拔成熟优秀的教师来充实农村学校教师队伍，从而保证农村教育质量的提高与优化。它存在的关键问题是：如何才能真正吸引成熟优秀的教育专业人员安心地长期服务在欠发达地区的农村中小学校之中？

"特岗计划"发展的可能方向之三：常设—流动，即发展成为流动的常设岗位。由于特岗教师在一定程度上只是巧妙利用了3年之后自然减员所产生的教师岗位，提前为欠发达地区的农村学校赢得合格或优秀师资，因此，"特岗计划"的教师岗位实质上是常设岗位，但由于3年的服务期限以及并未直接进入当地学校编制，这些岗位明显呈现流动化的特点。这种发展走向侧重于体现适应需求的原则，通过不断扩大到欠发达地区进行教育服务的教师队伍，进行学校教师队伍的结构调整与人员调整，从而保证农村教师队伍数量的扩充与质量的提升。它既要保证与既定的教师政策之间的协调，还要完善流动性所带来的制度准则与管理措施，这

有赖于一系列的制度类政策工具。因为它逐渐消除了原有的"特设"的特征，又存在较大的不稳定因素，所以它的适应人群往往会是新手教师或者其他适宜人群。它存在的关键问题是：如何才能留下真正适合于当地教育的一些专业人才？

"特岗计划"发展的可能方向之四：常设—稳定，即成为稳定的常设岗位，并与学校一般教师入职定岗趋于一致。这是"特岗计划"所设定的努力目标，为欠发达地区农村学校建立一支常态的稳定的教师队伍，同时也是"特岗计划"执行与实施过程中的一种认识与方向。从一定意义上说，当"特岗计划"发展到常设—稳定状态时，它已经完成了其作为特定发展阶段权宜之计的政策使命，并逐渐与一般教师入职定岗工作合流。因为强调按编按需设岗，它必须坚持组织化、结构化原则，采用权威类政策工具进行人力资源的配置与调整。在选择应聘的教师时，会更加注重对师资队伍建设发生影响的现实因素，偏好地缘、人缘、事缘等诸方面合宜的人士，以保证队伍的稳定性。它最核心的问题便是：如何才能保证并落实教师的编制？

政策发展走向的角色演进分析

如果考察特岗教师的角色定位与身份认同，实际上也会发现，特岗教师往往会介于两类不同范畴的两端之间。一是介于顶岗教师与在岗教师之间。他们并非顶岗实习的教师，而是拥有相对稳定的职期与岗位期待，

相比顶岗教师而言，有较高、确定的工资报酬，并有一定的发展保障，可以考虑编制因素，也可以不考虑编制因素。但同时，他们又不同于学校的在岗教师，不仅招聘渠道、学历层次、文化背景区别于在岗教师，他们的工资来源和结构、总额都不一样，更关键的是他们的工作流动性要相对大得多。二是介于特聘教师与一般教师之间。从招聘形式和政策手段上看，他们似乎应该归类于特聘教师，但从所赋予的职业定位与功能以及给予的经济回报上看，他们又不属于特聘教师行列，而且从特岗教师的从业经验和服务年限看，也不符合特聘教师的要求。但同时，他们又不同于一般教师，特定的招聘渠道和严格的招聘程序，使得特岗教师的角色特征区别于当地学校的一般教师，而且他们的经济回报也会相应高于当地一般教师的收入。

从政策演化的角度看，目前特岗教师角色定位和身份认同的中间特征无疑具有向不同端点发展的四种可能，即顶岗化、在岗化、特聘化、一般化（见图26）。

顶岗化的趋势是承认有序、按固定周期进行教师队伍流动的合理性。支持依据有：在一定时间周期范围之内的教师流动对教育效果的影响可降到最小；促进人才有序流动是人力资源市场的普遍规律，也是教师招聘制度的方向；是对农村经济文化现实状况以及城乡之间人才流向客观性的尊重。反对依据是：担心流动性会导致现在农村教育生态的进一步恶化；在追求工作稳定性的社会心理驱使下，担心流动性不利于吸引优秀人才参与特岗应聘；担心流动性不利于激发教师的积极性与责任心，最终影响到教育质量。

在岗化的趋势可以明确回应农村中小学教师补充与质量提升的政策目标指向。支持依据有：只有在岗化，才能真正促使当地农村教师队伍的结构性与水平性得以改善；在岗化有利于教师融入当地社区；尊重目前应聘者追求工作生活稳定的心理需求。反对依据是：担心财权与事权分离的矛盾会马上公开化，甚至会引发社会风险；不利于应聘者的心理调适；不利于用人单位进一步筛选。

特聘化的趋势有利于真正发挥特别设置、专门渠道招聘的政策效应，为义务教育系统内部的薄弱环节提供优质力量。支持依据有：真正建立一支师道高尚、知识扎实、专业精良、能力突出的农村教育攻坚队伍，从而有利于切实解决中西部农村教育积重难返的文化人力资本难题；可以发挥特岗教师引领带头的作用，进而全面提升当地农村学校教师的整体素质。反对依据是：高水平、高要求的特聘教师容易因为过强的异质性而难以适应当地学校的社会文化环境，从而影响到他们自身水平和能力的发挥；特聘教师的要求数量与当前中西部欠发达地区农村学校合格师资的大面积需求不匹配；基层学校特聘教师的具体要求以及报酬薪额难以确认。

一般化的趋势是指特岗教师的招聘补充

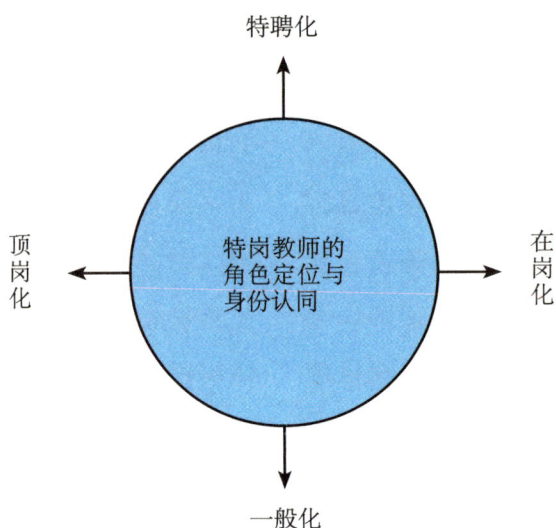

图26　特岗教师的角色定位与身份认同分析

机制将会成为中小学校一般教师的普遍准入机制，从而使得特岗教师在身份认同和职位认识上完全等同于一般教师。支持依据有：这是机制演进的必然结果，当某一种人才选拔和补充机制明显具有较高的政策效益和社会适应性时，它必然会逐步演进为一种领域内的普遍性进入机制；它有利于满足农村社会文化发展需求，有利于教师队伍的整体优化；它还有利于适应当地师生、家长的心理需求，逐渐消除专业层级区别系统之外的其他类型区别。反对依据是：特岗不特，教师队伍中缺少层级。

目前，影响政策的各方力量相对均衡，顶岗化的反对声音很大，推进方力量明显较弱。在岗化的反对力量主要来自于事权与财权的矛盾，这是一个体制性问题，难以解决。特聘化和一般化的条件皆未具备。因此，可以看得到的"特岗计划"政策演进依然无法改变特岗教师介于两端之间的职业现实。"特岗计划"政策容易成为四者之和，即亦此也亦彼，非此也非彼。包括顶岗教师的临时福利，相应的教师教育政策支撑，如之后的教育硕士优惠政策，也包括在岗教师的培训、奖惩及各种待遇，同时又包括特聘教师的选拔程序、优化要求，还包括一般教师补充机制的探索与建设。稳健做法可以表述为：顶岗培养，在岗管理，特聘程序，一般机制。但在当前条件下，特岗教师的"特"还是要坚持的，应该理解为"特别需要"、"特别困难"、"特殊扶持"的贫困边远地区教师岗位，在政策上，要区分特岗教师中的"特岗"，比如高寒地带的特岗教师，民族聚居区的特岗教师，不通公路学校的特岗教师，乡镇以下学校（教学点）的特岗教师，对这类特岗教师要给予更加鼓励性、支持性的政策。

现实选择与前景展望

展望一项政策的前景无法离开影响其发展的现实背景。当前，"特岗计划"的社会文化现实背景和发展状况包括：①中西部欠发达地区的农村教育境况依然堪忧，义务教育的区域差异、城乡差异、校际差异依然较为严重，部分地区农村中小学的师资队伍结构性欠缺状况还未得到有力缓解；②社会主义新农村建设为农村教师队伍的迅速发展提供了大好机遇，也对农村师资队伍整体质量提出了更高的要求；③教育改革方兴未艾，教师补充机制的探索有望成为整体制度重建的切入口；④伴随着"特岗计划"的推行，教师招聘权限上移，考核内容和程序逐步专业化，都使得特岗教师招聘模式逐渐成为教师补充的主渠道。

展望未来，"特岗计划"将会在一定时间范围内继续推行。如何进一步扩大政策的受惠面，并把直接关涉教育起点公平的农村学前教育师资需求纳入"特岗计划"干预的视野？如何充分考虑顶岗化的流动性优势与在岗化的稳定性优势的有机结合，重新界定特岗教师的招考资格与招聘范围？如何进一步研究"特岗计划"的资金使用效率，深入思考特岗教师的特聘化与一般化的关系，并把这种思考与农村教师队伍发展的整体规划结合起来进行顶层设计？如何切实改进工作，优化农村基层学校教育环境，吸引更多人应聘农村教师岗位？这些都将成为未来"特岗计划"政策改进与实施中的研究课题。

在工资发放上，我希望能和入编教师一样月月发放。现在入编教师的工资已经涨了，我想问我们特岗教师是否也会涨工资？

——山西省某特岗教师

我认为应该适当提高特岗教师的待遇，包括提供一定的住宿条件，解决住房问题，因为现在很多特岗教师住一间小小的宿舍很不方便，所以希望能有所改善。

——贵州省某特岗教师

特岗教师招考有些方面不太合理：招考题目过于简单；限制条件过多；"递补"程序太多，不太符合条件的人员也招入教师队伍当中；对外地报考人员没有优待条件，不太合理；任教后所教学科不符合自己的专业。

——山西省某特岗教师

对于一个想当老师的高校毕业生来说，如果仅仅因为自己是往届毕业生而与自己的梦想擦肩而过，势必有点惋惜。

——四川省某特岗教师

培训应改进，特岗教师没有教学经验，建议设立特岗培训点，能够让特岗教师迅速获得工作上的应对办法。

——山西省某特岗教师

关于特岗教师转正规定模糊，在学校缺编情况下这一概念模糊，如学校编制已满，又何必招考特岗教师？一个教师3年后的工作都是个未知数，又怎么能安心执教？在校期间思考如何考编，又怎么会提高教学质量？

——四川省某特岗教师

希望能转回家乡任教，这是特岗教师期待的。因为一个人在外地工作有诸多不便，而且现在特岗教师中很多是独生子女，与父母亲相隔两地，很难照顾好父母亲。所以，希望在服务期满后能调回家乡任教。

——江西省某特岗教师

希望我们两地生活的特岗夫妻可以调到一起，这样可以稳定个人情绪，也会把全部心思放到教育上。

——江西省某特岗教师

应该多考虑少数民族教师的去向，回族去回族聚居乡镇，苗族去苗族聚居乡镇。对外地教师，应该多关心他们，给他们家的感觉，多给他们关怀。

——贵州省某特岗教师
来源：《"农村义务教育阶段学校教师特设岗位计划"政策调研报告》

附录

- 中央"特岗计划"政策文件
- 地方"特岗计划"政策文件
- 中央"特岗计划"实施县市、单位名单（2010）
- 中英文对照表

中央"特岗计划"政策文件

《教育部 财政部 人事部 中央编办关于实施农村义务教育阶段学校教师特设岗位计划的通知》

教师〔2006〕2号

内蒙古、湖北、广西、海南、重庆、四川、贵州、云南、陕西、甘肃、宁夏、新疆、青海省（自治区、直辖市）教育厅（教委）、财政厅（局）、人事厅（局）、编办，新疆生产建设兵团教育局、财务局、人事局、编办：

为贯彻落实党的十六届五中全会精神，进一步加强农村教师队伍建设，促进义务教育均衡发展，根据《中共中央国务院关于推进社会主义新农村建设的若干意见》（中发〔2006〕1号）和《中共中央办公厅 国务院办公厅印发〈关于引导和鼓励高校毕业生面向基层就业的意见〉的通知》（中办发〔2005〕18号）精神，经研究，决定实施农村义务教育阶段学校教师特设岗位计划（以下简称"特岗计划"）。通过公开招募高校毕业生到西部"两基"攻坚县县以下农村义务教育阶段学校任教，引导和鼓励高校毕业生从事农村教育工作，逐步解决农村师资总量不足和结构不合理等问题，提高农村教师队伍的整体素质。

实施"特岗计划"，是创新教师补充机制，吸引高学历人才从事农村义务教育的重要改革；是扩大高校毕业生就业渠道，促进青年人才健康成长的有效途径；是巩固"两基"攻坚成果，完善农村义务教育保障机制的必然要求；是提高农村教育质量，促进社会主义新农村建设的有效措施。各级有关部门要充分认识实施这一计划的重大意义和作用。

为妥善实施好"特岗计划"，各级有关部门要高度重视，加强领导，结合本地实际，研究制定具体实施办法。各有关部门要明确职责，密切配合，共同努力。省级教育行政部门要结合本地实际，将特设岗位落实到受援学校，并认真做好教师招聘、岗前培训、跟踪服务和评估等各项工作。省级财政部门要负责统筹协调特设岗位的经费保障，落实资金，规范管理。机构编制部门要加强中小学编制工作的监督、检查。省级人事部门要积极推动和支持中小学人事制度改革，并按照事业单位人员公开招聘的要求，会同教育行政部门共同做好教师招聘工作。设置特设岗位县的县级有关部门，要为特设岗位教师提供周转宿舍及其他必要生活条件。

当前2006届高校毕业生毕业在即，请各地按照《农村义务教育阶段学校教师特设岗位计划实施方案》（见附件）的要求，抓紧做好各项工作，并加大宣传力度，认真做好特设岗位教师招聘等工作，切实将工作做实、做细，务求开好局、起好步，确保按计划招聘的特设岗位教师，于2006年秋季开学前准时到校任教。

当前，实施"特岗计划"时间紧，任务重，各地各有关部门必须高度重视，精心组织，认真落实，确保各项目标如期实现。并请将实施过程中的新情况和新问题及时向教育部、财政部等相关部门报告请示。

教育部 财政部 人事部 中央编办
二〇〇六年五月十五日

《农村义务教育阶段学校教师特设岗位计划实施方案》

为贯彻落实《中共中央国务院关于推进社会主义新农村建设的若干意见》（中发〔2006〕1号）和《中共中央办公厅国务院办公厅印发〈关于引导和鼓励高校毕业生面向基层就业的意见〉的通知》（中办发〔2005〕18号）精神，积极稳妥地实施农村义务教育阶段学校教师特设岗位计划（以下简称"特岗计划"），特制定如下方案。

一、"特岗计划"的目标和任务

1.通过公开招聘高校毕业生到西部地区"两基"攻坚县县以下农村学校任教，引导和鼓励高校毕业生从事农村义务教育工作，创新农村学校教师的补充机制，逐步解决农村学校师资总量不足和结构不合理等问题，提高农村教师队伍的整体素质。

2.从2006年起，用5年的时间实施。特设岗位教师聘期3年。

二、"特岗计划"的实施范围和资金安排

3."特岗计划"的实施范围以国家西部地区"两基"攻坚县为主（含新疆生产建设兵团的部分团场），包括纳入国家西部开发计划的部分中部省份的少数民族自治州，适当兼顾西部地区一些有特殊困难的边境县、少数民族自治县和少小民族县。

相关省（自治区、直辖市）在安排特设岗位时，要注意重点向藏区、"双语教学"区、少小民族聚居区倾斜。

4."特岗计划"所需资金由中央和地方财政共同承担，以中央财政为主。

中央财政设立专项资金，用于特设岗位教师的工资性支出，并按人均年1.5万元的标准，与地方财政据实结算。特设岗位教师在聘任期间，执行国家统一的工资制度和标准；其他津贴、补贴由各地根据当地同等条件公办教师年收入水平和中央补助水平综合确定。凡特设岗位教师工资性年收入水平高于1.5万元的，高出部分由地方

政府承担。

省级财政负责统筹落实资金，用于解决特设岗位教师的地方性补贴、必要的交通补助、体检费和按规定纳入当地社会保障体系，享受相应的社会保障待遇（政府不安排商业保险）应缴纳的相关费用，以及特设岗位教师岗前集中培训和招聘的相关工作等费用。

三、"特岗计划"的实施原则和步骤

5.事权不变，创新机制。"特岗计划"是中央对西部农村贫困和边远地区解决教师问题的支持，不改变事权划分。纳入"特岗计划"的县（市），必须是教师总体缺编、结构性矛盾突出，财力比较困难，但工作基础好、积极性高的县（市），"特岗计划"实施期内不得再以其他方式补充新教师。

各相关省（自治区、直辖市）要在核定的编制总额内招聘特设岗位教师。

6.中央统筹，地方实施。教育部、财政部牵头制订总体规划和年度计划，提出特设岗位教师总量指导性意见。相关省（自治区、直辖市）要研究制定实施"特岗计划"的具体政策和落实办法，并精心组织实施。受援县（市）负责教师的日常管理和考核，并向省级有关部门报告。

7.相对集中，成组配置。特设岗位教师的安排应注意结合当地实际需求，按照学科结构，科学搭配。岗位的设置要相对集中，避免过于分散。一般在1个县（市）安排100个左右，1所学校安排3—5人。

8.侧重初中，兼顾小学。特设岗位教师原则上安排在县以下农村初中，适当兼顾乡镇中心学校。人口较少的边境县、少数民族自治县和少小民族县可安排在农村生源占60%左右的县城学校。

9.先行试点，逐步扩大。"特岗计划"的实施采取先试点、后推开的办法。2006年拟安排2万—3万个特设岗位教师。相关省(自治区、直辖市)要精心选择部分教师紧缺、工作基础好的"两基"攻坚县作为试点县，并认真抓好试点工作。

2007—2010年在不断总结试点工作的基础上，根据中小学生数量变动情况，每年另行确定招聘人数。中央财政视实际招聘人数据实核定经费。

四、特设岗位教师的招聘

10.特设岗位教师实行公开招聘、合同管理。合同中应详细明确规定用人单位和应聘人员双方的权利和义务。

11.招聘工作由省级教育、人事、财政、编办等相关部门共同负责，遵循"公开、公平、自愿、择优"和"三定"（定县、定校、定岗）原则，按下列程序进行：（1）公布需求。（2）自愿报名。（3）资格审查。（4）考试考核。（5）集中培训。（6）资格认定。（7）签订合同。（8）上岗任教。

招聘可采取组织专场招聘会、网上招聘会、组织设岗所在地有关部门到高校招聘等多种方式进行。

12.招聘对象和条件：

（1）以高等师范院校和其他全日制普通高校应届本科毕业生为主，可招少量应届师范类专业专科毕业生。

（2）取得教师资格，具有一定教育教学实践经验，年龄在30岁以下的全日制普通高校往届本科毕业生。

（3）参加过"大学生志愿服务西部计划"、有从教经历的志愿者和参加过半年以上实习支教的师范院校毕业生同等条件下优先。

（4）报名者应同时符合教师资格条件要求和招聘岗位要求。

五、"特岗计划"的相关保障政策

13.特设岗位教师享受《中共中央办公厅 国务院办公厅印发〈关于引导和鼓励高校毕业生面向基层就业的意见〉的通知》（中办发〔2005〕18号）和人事部等部门《关于组织开展高校毕业生到农村基层从事支教、支农、支医和扶贫工作的通知》（国人部发〔2006〕16号）规定的各项优惠政策。相关省（自治区、直辖市）负责制定具体落实政策和措施。

14."特岗计划"的实施可与"农村学校教育硕士师资培养计划"相结合。符合相应条件要求的特设岗位教师，可按规定推荐免试攻读教育硕士。特设岗位教师3年聘期视同"农村学校教育硕士师资培养计划"要求的3年基层教学实践。

15.特设岗位教师在聘期内，由地方教育行政部门对其进行跟踪评估。对成绩突出、表现优秀的，给予表彰；对不按合同要求履行义务的，要及时进行批评教育，督促改正；对不适合继续在教师岗位工作的，应及时将其调整出教师队伍并相应取消其享受的相关政策优惠。

16.相关省（自治区、直辖市）要研究制定政策措施，鼓励特设岗位教师在3年聘期结束后，继续扎根基层从事农村教育事业。对自愿留在本地学校的，要负责落实工作岗位，将其工资发放纳入当地财政统发范围，保证其享受当地教师同等待遇。

实施"特岗计划"的地区要进一步创新教师补充机制，今后城市、县镇学校教师岗位空缺需补充人员时，应优先聘用特设岗位教师。

对重新择业的，各地要为其重新选择工作岗位提供方便条件和必要的帮助。

西部地区相关省（自治区、直辖市）在实施"特岗计划"的同时，要研究制定具体可行办法，将"特岗计划"的实施与大力推进城镇教师支援农村教育、积极稳妥地处理好代课人员问题等工作有机结合起来。

六、其他有关事宜

17.聘任期间，特设岗位教师户口和档案关系的管理，由省级人民政府根据当地实际情况确定。档案关系原则上统一转至工作学校所在地的县级政府教师人事档案管理部门。

18.各受援县（市）和学校，要为特设岗位教师提供相应的周转住房和必要的生活条件。

19.西部地区相关省（自治区、直辖市）应按照本实施方案的要求，结合各地实际，制定具体实施细则，报教育部、财政部备案。

20.本方案由教育部、财政部负责解释。

《关于继续实施"农村义务教育阶段学校教师特设岗位计划"的通知》

教师〔2009〕1号

山西、内蒙古、安徽、江西、河南、湖北、湖南、广西、海南、重庆、四川、贵州、云南、陕西、甘肃、宁夏、新疆、青海省（自治区、直辖市）教育厅（教委）、财政厅（局）、人事厅（局）、编办，新疆生产建设兵团教育局、财务局、人事局、编办：

根据《国务院办公厅关于加强普通高等学校毕业生就业工作的通知》（国办发〔2009〕3号）关于继续组织实施"农村义务教育阶段学校教师特设岗位计划"（以下简称"特岗计划"）的要求，现就有关工作通知如下：

一、深入实施"特岗计划"，鼓励引导高校毕业生到农村学校任教

2006年，教育部、财政部、人事部、中央编办下发了《关于实施农村义务教育阶段学校教师特设岗位计划的通知》（教师〔2006〕2号），并联合启动实施"特岗计划"，公开招聘高校毕业生到"两基"攻坚县农村义务教育阶段学校任教。2006—2008年，共招聘特岗教师5.9万多人，覆盖400多个县、6 000多所农村学校。"特岗计划"的实施有力地缓解了农村地区教师紧缺和结构性矛盾，促进了农村学校面貌的变化，受到各地的普遍欢迎。当前，高校毕业生就业形势严峻，就业压力加大；同时，部分农村学校特别是中西部边远贫困地区农村学校教师仍然紧缺。毕业生下不去，合格教师难以补充。为了进一步加强农村师资力量，并有效地促进高校毕业生就业，2009年继续实施"特岗计划"，并将实施范围扩大到中西部地区国家扶贫开发工作重点县，国家计划的名额将视各地实施国家"特岗计划"

的情况以及是否实施地方"特岗计划"的情况进行分配。特岗教师招聘、培训、管理等政策按教师〔2006〕2号通知要求执行。各地要做好与其他引导和鼓励高校毕业生到农村基层服务项目的衔接。

二、提前做好服务期满特岗教师的工作安排

教师〔2006〕2号通知要求，"鼓励特岗教师3年聘期结束后，继续扎根基层从事农村教育事业。对自愿留在本地学校的，要负责落实工作岗位，将其工资发放纳入当地财政统发范围，保证其享受当地教师同等待遇"。2006年起实施"特岗计划"的省（区、市）第一批特岗教师3年服务期将于今年期满，做好服务期满特岗教师工作岗位安排意义重大。相关省（区、市）要采取切实措施，鼓励服务期满考核合格的特岗教师继续留在当地从教。今后城市、县镇义务教育阶段学校教师空缺需补充人员时，同等条件下应优先聘用服务期满特岗教师。相关省（区、市）教育、人事、编办、财政部门要加强沟通协调，提前研究制订方案，确保服务期满考核合格且愿意留任的特岗教师全部落实工作岗位，做好人事、工资关系等接转工作。

三、采取有力措施，创新教师补充机制，建设高素质教师队伍

各地要根据国家"特岗计划"的原则精神和促进高校毕业生就业工作的总体部署，全面推进地方"特岗计划"，采取有力措施，吸引大批高校毕业生到农村学校任教，为中小学及时补充合格教师，着力解决教师队伍结构性矛盾，并有效地促进高校毕业生就业。各省级教育行政部门要统一掌握本地区中小学教师岗位需求情况，会同有关部门统筹安排全省中小学教师自然减员补充。从2009年开始，各地中学和小学教师补充应全部采取公开招聘的办法，同等条件下优先聘用高校毕业生（含引导和鼓励高校毕业生到农村基层服务期满人员），不得再以其他方式和途径自行聘用教师。

中小学教师补充要充分考虑教师队伍建设总体规划、人员编制情况和学科结构等因素，在核定的编制总额内，按需设岗，规范招聘程序，严格招聘条件，确保新教师的质量。要抓住贯彻落实《国务院办公厅转发人力资源和社会保障部 财政部 教育部关于义务教育学校实施绩效工资指导意见的通知》（国办发〔2008〕133号）的有利时机，加大教师用人制度改革力度，进一步完善并严格实施教师资格准入制度，严把教师入口关。要加强对拟聘教师的岗前培训，免费进行教师资格认定，确保持证上岗。

四、认真履行职责、密切配合、相互支持，切实做好"特岗计划"实施工作

省级教育行政部门要结合本地实际，认真做好教师公开招聘、岗前培训、跟踪管理服务等各项工作，加强对实施县工作的指导和检查；省级

财政部门要负责统筹协调特岗的经费保障，落实资金，规范管理；省级人力资源和社会保障部门要协同教育行政部门做好教师招聘工作；机构编制部门要加强中小学编制工作的监督、检查；设置特岗县的县级有关部门，要为特岗教师提供周转宿舍及其他必要的生活条件。

要加强"特岗计划"实施工作的动态管理。对"特岗计划"实施情况进行督导检查。各实施省（区、市）要建立特岗教师数据库，及时掌握特岗教师的基本信息；要定期检查督促特岗教师工资待遇等各项政策落实情况，确保特岗教师在工资待遇、职称评聘、评优评先、年度考核等方面与当地公办学校教师同等对待，鼓励吸引大批优秀高校毕业生到农村从教。

五、大力加强"特岗计划"宣传，形成良好的环境氛围

各地要采取多种方式，充分利用广播电视、报刊、互联网等各类媒体，广泛宣传"特岗计划"的方针政策和工作成效，将特岗教师招聘工作与引导和鼓励高校毕业生面向基层就业结合起来，吸引更多优秀高校毕业生报名应聘。要大力宣传各地推进"特岗计划"的好经验、好做法，不断创新教师补充机制。要采取切实措施，提高特岗教师教书育人的能力，帮助他们尽快成长为骨干教师，同时注意发现特岗教师中的优秀典型，加大特岗教师典型的宣传力度，进一步营造良好的工作氛围。

教育部 财政部 人力资源和
社会保障部 中央编办
二〇〇九年二月二十三日

《教育部办公厅 财政部办公厅关于做好2012年农村义务教育阶段学校教师特设岗位计划有关实施工作的通知》

教师厅〔2012〕2号

河北、山西、内蒙古、吉林、黑龙江、安徽、江西、河南、湖北、湖南、广西、海南、重庆、四川、贵州、云南、陕西、甘肃、宁夏、青海省、自治区、直辖市教育厅（教委）、财政厅（局），新疆生产建设兵团教育局、财务局：

为贯彻落实全国教育工作会议精神和教育规划纲要，深入实施农村义务教育阶段学校教师特设岗位计划（以下简称"特岗计划"），建立农村教师补充新机制，吸引更多优秀人才到农村学校从教，提高农村义务教育质量，现就做好2012年"特岗计划"有关实施工作通知如下。

一、加大实施力度，抓紧做好2012年"特岗计划"申报工作

1.2012年中央"特岗计划"实施范围扩大为：《中国农村扶贫开发纲要（2011—2020年）》确定的11个集中连片特殊困难地区（六盘山区、秦巴山区、武陵山区、乌蒙山区、滇桂黔石漠化区、滇西边境山区、大兴安岭南麓山区、燕山—太行山区、吕梁山区、大别山区、罗霄山区）和四省藏区县、中西部地区国家扶贫开发工作重点县、西部地区原"两基"攻坚县（含新疆生产建设兵团的部分团场）、纳入国家西部开发计划的部分中部省份的少数民族自治州以及西部地区一些有特殊困难的边境县、少数民族自治县和少小民族县。

纳入"特岗计划"的县（市），必须是教师总体缺编、结构性矛盾突出的县（市），且"特岗计划"实施期内不得再以其他方式补充新教师。

2.2012年计划招聘特岗教师约6万名。各地要进行深入细致的调查研究，摸清拟设岗县（市）教师队伍实际情况和需求，加强教师严重缺编和新增"特岗计划"项目县（市）的教师补充工作。研究提出实施"特岗计划"的县（市）、学校和设岗数量，填写《中央"特岗计划"申报县中小学教师队伍基本情况调查表》和《2012年中央"特岗计划"设岗需求申报表》，并于5月30日前报教育部。

3.教育部、财政部将根据各地教师队伍实际情况、以往"特岗计划"执行总体情况、服务期满特岗教师留任情况和申报设岗数等核定2012年的设岗计划。

二、落实特岗政策，及时研究制订2012年"特岗计划"实施方案

4.各地要认真总结近年来"特岗计划"实施工作经验，按照中央四部门下发的《关于实施农村义务教育阶段学校教师特设岗位计划的通知》（教师〔2006〕2号）和《关于继续实施"农村义务教育阶段学校教师特设岗位计划"的通知》（教师〔2009〕1号）精神，结合当地实际情况，研究制订本省（区、市）2012年"特岗计划"具体实施方案，并向社会公开发布。各省（区、市）实施方案同时报教育部备案。

5.各地要认真做好服务期满特岗教师的工作安排。教师〔2006〕2号通知要求，"鼓励特岗教师3年聘期结束后，继续扎根基层从事农村教育事业。对自愿留在本地学校的，要负责落实工作岗位，将其工资发放纳入当地财政统发范围，保证其享受当地教师同等待遇"。2009年招聘的特岗教师即将3年服务期满，各地要鼓励服务期满考核合格的特岗教师继续留在当地从教。各省（区、市）教育、人社、编办、财政部门要加强沟通协调，研究制订方案，采取切实措施确保3年服务期满、考核合格且愿意留任的特岗教师全部落实工作岗位，做好人事、工资关系等接转工作。城市、县镇义务教育阶段学校教师空缺需补充人员时，同等条件下应优先聘用服务期满特岗教师。

三、精心组织实施，保质保量做好2012年特岗教师招聘工作

6.各地要采取多种方式，充分利用广播、电视、报刊、互联网、校园宣传海报等媒体，大力宣传实施"特岗计划"的重要意义，广泛宣传"特岗计划"的优惠政策和实施成效，将特岗教师招聘工作与引导高校毕业生面向基层就业结合起来，吸引更多优秀高校毕业生报名应聘。

7.要严格把握招聘政策，坚持以高等师范院校和其他全日制普通高校应届本科毕业生为主，充分考察应聘人员从事教育工作的综合素质，严格招聘程序和资格审查，切实把好教师入口关，进一步提高招聘质量。

8.要充分考虑当地教师队伍学科结构分布等因素，加强偏远农村学校教师和音、体、美等紧缺学科教师的补充，初中与小学教师队伍补充协调发展。继续建立并完善直接向偏远农村学校轮

换派遣合格教师的工作机制。

9.各地要根据中央"特岗计划"的原则精神，大力推进地方"特岗计划"。要统一地方与中央特岗教师招聘标准，逐步建立省级统筹的农村教师补充新机制，吸引高校毕业生到农村从教，及时为农村学校补充合格教师。

10.各地7月底前务必完成招聘工作。新录用特岗教师秋季开学时按时上岗。9月中旬前将正式上岗教师数报教育部、财政部，作为核拨中央补助经费的依据。

四、完善保障政策，进一步做好特岗教师管理与服务工作

11.从2012年起，中央财政特岗教师工资性补助标准提高为西部地区人均年2.7万元，中部地区人均年2.4万元，与地方财政据实结算。特设岗位教师在聘任期间，执行国家统一的工资制度和标准；其他津贴、补贴由各地根据当地同等条件公办教师年收入水平和中央补助水平综合确定。特岗教师年收入水平应与当地同级公办教师平均水平一致。凡特设岗位教师工资性年收入水平高于中央财政特岗教师工资性补助标准的，高出部分由地方政府承担。各地要采取有效措施，落实好特岗教师的工资发放、周转宿舍安排等相关保障工作。

12.各地要加强特岗教师跟踪管理与定期统计工作，确保特岗教师从事教育教学工作。教育部已开通"特岗计划"信息管理与服务系统（http：//tg.ncss.org.cn），各地要及时做好信息动态更新，全面掌握特岗教师在岗情况、工资标准、职称级别、人员流动等基础信息。

13.各地要采取切实措施加强特岗教师培训，尤其是针对非师范专业毕业生，要做好入职

前的师德教育与教学培训工作，帮助特岗教师提高教书育人的能力，尽快成长为工作骨干。

五、加强特岗宣传，进一步营造良好的环境氛围

14.各地要深入挖掘特岗教师中的优秀典型，通过组织开展优秀特岗教师先进事迹巡回报告会、参加"我的特岗故事"征文等多种形式活动，充分反映各地特岗教师志存高远、扎根农村的奉献精神和感人事迹，加强对"特岗计划"和特岗教师的宣传，进一步营造良好的工作氛围。

教育部办公厅 财政部办公厅
二○一二年五月十八日

《教育部办公厅关于做好2011年特岗教师在职攻读教育硕士工作的通知》

教师厅〔2011〕5号

湖北、广西、海南、重庆、四川、贵州、云南、陕西、甘肃、宁夏、青海、新疆等省、自治区、直辖市学位委员会、教育厅（教委），新疆生产建设兵团教育局，有关高等学校：

为贯彻落实《教育部 财政部 人事部 中央编办关于实施农村义务教育阶段学校教师特设岗位计划的通知》（教师〔2006〕2号）和《教育部关于做好2010年"农村学校教育硕士师资培养计划"实施工作的通知》（教师〔2009〕5号）精神，支持特岗教师在职学习和专业发展，吸引更多优秀人才到农村学校任教，教育部决定从2011年起，开展服务期满留任特岗教师在职攻读教育硕士专业学位工作。现将有关事宜通知如下。

一、培养方式

服务期满留任特岗教师攻读教育硕士专业学位采取在职学习的方式，学习年限按培养学校在职人员攻读教育硕士专业学位培养方案执行。通过学位论文答辩者授予教育硕士专业学位证书。

二、培养学校及招生计划

（一）培养学校

具有教育硕士专业学位培养资格的部分高等学校（名单见附件1）。

（二）招生计划

服务期满留任特岗教师在职攻读教育硕士专业学位招生计划单列，不得挪用（各培养学校招生计划见附件1）。

各培养学校按照国家有关规定，根据办学条件、培养能力和社会需要，自行确定招生领域。请于2011年12月1日前以书面形式向全国教育专业学位研究生教育指导委员会秘书处进行招生领域备案。

三、报名及录取

（一）报名条件

具有全日制普通高等学校本科学历；参加中

央"特岗计划"和参照中央"特岗计划"实施的地方"特岗计划"，服务期满且继续留在当地学校任教；近3年年度考核合格且至少有一次考核优秀的特岗教师。同等条件下，获得县级及以上荣誉称号者优先录取。

（二）报名办法

符合条件的特岗教师于2011年12月10日至20日期间登录"中国学位与研究生教育信息网"（以下简称"学位网"，http://www.chinadegrees.cn），按要求提交报名信息和上传本人电子照片。

特岗教师只允许报考一所学校。为便于特岗教师兼顾工作，提倡就近报考。报名截止前，可查询各学校报名情况，调整一次所报学校。

（三）资格审查

省级教育行政部门于2011年12月21日至31日期间登录学位网对本地区特岗教师进行资格审查并公示。

（四）确定复试名单

培养学校于2012年1月10日前根据省级教育行政部门提供的资格审查结果和特岗教师的年度考核情况、本科期间学习成绩，按不低于3：1的比例择优确定复试名单并公示。

取得复试资格的特岗教师通过报名系统打印《2011年特岗教师在职攻读教育硕士专业学位资格审查表》（以下简称《资格审查表》，样表见附件2），签字确认后交任教学校，核准表中内容，填写推荐意见，并在电子照片上加盖公章。参加复试时将《资格审查表》、相关学历学位证书原件和近3年年度考核表、本科期间学习成绩单复印件交培养学校研究生院（处、部）进行审核。

录取工作结束后，我部将随机抽查部分考生

的报考资格，检查各培养学校的资格审核工作。

（五）复试录取

培养学校于2012年2月20日前完成复试工作。具体的复试要求、录取办法和工作安排应提前告知参加复试的特岗教师并在学校网站予以公示。要加强对考生的教育基础知识、教育教学技能、综合素质和培养潜力等方面的考察，择优录取。

"在职人员攻读硕士学位网上录取系统"开通时间为2012年1月15日15:00，截止时间为2012年2月22日17:00。请各培养学校在规定时间内完成网上录取工作。

培养学校于2012年2月底前，将本单位的录取工作总结（包括组织措施、录取情况、存在问题、政策建议和加盖公章的录取考生清单等）报国务院学位办和教育部师范教育司，同时抄送全国教育专业学位研究生教育指导委员会秘书处。

四、有关事宜

（一）特岗教师在职攻读教育硕士专业学位按规定缴纳报名费、学费和住宿费。学习期间的相关待遇，按照在职教师外出学习有关规定执行。各省级教育行政部门可根据本地区实际情况给予适当学费补贴，具体办法自行制定。

（二）各地教育行政部门要高度重视特岗教师在职攻读教育硕士工作，加强领导，精心组织，保证报名、录取、培养等工作规范有序地进行。

（三）留任特岗教师所在中小学校要鼓励支持符合条件的特岗教师在职攻读教育硕士，合理调整教育教学任务，积极为特岗教师学习深造提供便利条件。

（四）各培养学校要认真研究制订培养方案，配备水平较高的指导教师，加强教育实践环节，确保培养质量。

工作过程中如有疑问，请及时与我部联系。联系人：师范教育司 陈晓宇；电话：010—66097864；传真：010-66020522。

教育部办公厅

二〇一一年十一月二十一日

附件1

2011年特岗教师在职攻读教育硕士专业学位招生计划表

省份	学校名称	招生计划	省份	学校名称	招生计划
北京市	首都师范大学	20	山东省	曲阜师范大学	20
天津市	天津师范大学	20	河南省	河南师范大学	20
河北省	河北师范大学	20	湖北省	湖北大学	40
山西省	山西师范大学	20	湖南省	湖南师范大学	20
内蒙古自治区	内蒙古师范大学	20	广东省	华南师范大学	20
辽宁省	辽宁师范大学	20	广西壮族自治区	广西师范大学	40
	沈阳师范大学	20	海南省	海南师范大学	40
吉林省	吉林师范大学	20	重庆市	重庆师范大学	40
黑龙江省	哈尔滨师范大学	20	四川省	四川师范大学	40
江苏省	南京师范大学	20		西华师范大学	40
	徐州师范大学	20	贵州省	贵州师范大学	40
浙江省	浙江师范大学	30	云南省	云南师范大学	40
	杭州师范大学	20		云南大学	20
安徽省	安徽师范大学	20	陕西省	延安大学	40
	淮北师范大学	20	甘肃省	西北师范大学	40
福建省	福建师范大学	20	青海省	青海师范大学	40
江西省	江西师范大学	20	宁夏回族自治区	宁夏大学	40
山东省	山东师范大学	30	新疆维吾尔自治区	新疆师范大学	40

附件2

2011年特岗教师在职攻读教育硕士专业学位资格审查表

报考学校：　　　　　　　　　　**所在省市：**　　　　　　　　　**报名时间：**

姓名			性别		出生日期		年　　月　　日		电子照片
籍贯				民族					
身份证件号码									
参加工作时间	年　　月			近三年工作考核情况	2008年	2009年	2010年		取得复试资格后打印（加盖任教学校公章）
现工作单位					工作岗位				
职务		职称		政治面貌		办公电话		移动电话	
通信地址						邮政编码			
本科学历	年　月毕业于		学校			专业		证书编号	
学士学位	年　月获		学校		专业		学学士学位	证书编号	
其他学历学位	年　月获		学校		专业		学历学位	证书编号	

个人简历	起止年月	在何地、何部门、任何职务（从大学开始填写）		

工作期间获得奖励情况	获奖时间	获奖级别	获奖项目及等级	授予单位

本科期间主要专业必修课程成绩	

报考领域		报考研究方向（请填写具体学科方向）		报考院系	

（签字前，请认真核对上述内容）

诚信承诺书

一、我保证所提供的上述信息真实、准确，并愿意承担由于上述信息虚假带来的一切责任和后果。

二、考生如不符合报考条件，不得被招生单位录取，所造成一切后果由考生个人负责。

考生签名：　　　　　　　　年　　月　　日

任教学校推荐意见

任教学校盖章　　　　年　　月　　日

省级教育行政部门审查意见：

审查操作员：　　　　　年　　月　　日

培养学校审核意见：

培养学校盖章　　　　年　　月　　日

地方"特岗计划"政策文件

《贵州省2011年农村义务教育阶段学校教师特设岗位计划实施方案》

黔教师发〔2011〕127号

为进一步加强农村教师队伍建设，完成2011年我省补充农村中小学教师计划任务，并按照《教育部 财政部 人事部 中央编办关于实施农村义务教育阶段学校教师特设岗位计划的通知》（教师〔2006〕2号）中"特岗计划"的实施与"农村学校教育硕士师资培养计划"（以下简称"硕师计划"）相结合的有关规定，制定本方案。

一、目标和任务

1.通过实施国家、县"特岗计划"，解决我省农村教师数量不足和结构不合理等问题，提高农村教师队伍整体素质。

2.2011年，全省安排"特岗计划"指标7 043名，其中国家"特岗计划"4 411名（含"硕师计划"研究生36名，下同）；县"特岗计划"2 632名。

国家"特岗计划"设初中岗位2 620个，小学岗位1 791个；县"特岗计划"设初中岗位282个，小学岗位2 350个。

二、原则和要求

3.各县必须在核定的中小学教职工编制总额内招聘教师。招聘教师要结合当地实际需求，按照学科结构，合理搭配。

4.教师招聘坚持"公开、公平、自愿、择优"和"三定"（定县、定校、定岗）的原则。

5.招聘的教师安排在县以下（不含县城所在地）农村中小学，其中国家"特岗计划"招聘的教师原则上安排在县以下农村乡（镇）初中和中心学校，且一所学校原则上安排不少于3人。"硕师计划"研究生安排在农村乡（镇）初中。

6."特岗计划"招聘的教师聘期为3年，聘期内纳入当地教师队伍管理。

三、指标安排

7.国家、县"特岗计划"指标安排如下：

国家"特岗计划"指标4 411名、县"特岗计划"指标2 632名，安排在凤冈、正安、道真、务川、习水、桐梓、西秀区、普定、镇宁、关岭、紫云、惠水、三都、独山、长顺、平塘、黄平、施秉、三穗、岑巩、天柱、锦屏、黎平、从江、榕江、雷山、台江、剑河、麻江、丹寨、镇远、德江、石阡、思南、沿河、印江、毕节、大方、黔西、织金、纳雍、威宁、百里杜鹃风景区、六枝、水城、望谟、贞丰、册亨、安龙、普安50个县。

四、资金安排

8.国家"特岗计划"所需资金由中央和县级财政共同承担，以中央财政为主；县"特岗计划"所需资金由县级财政承担。

国家"特岗计划"由中央财政下达专项资金，按国家"特岗计划"人均年工资性支出补助标准，与县级财政据实结算。"特岗计划"专项资金首先用于特设岗位教师的工资性支出后，可用于解决其按规定纳入当地社会保障体系，享受相应的社会保障待遇（不包括商业保险）应缴纳的相关费用和必要的交通补助、体检费。特设岗位教师在聘任期间，执行我省统一的工资制度和标准，其工资发放标准以及其他津贴、补贴比照本县同等条件公办教师标准确定，享受本县公办教师同等待遇。凡特设岗位教师工资性年收入高于国家"特岗计划"人均年工资性支出补助标准的，高出部分由县级财政承担。如有结余，结余部分暂存县财政。

9.各级财政安排专项资金，用于本次特设岗位教师招聘、岗前集中培训等。

实施"特岗计划"县的县级有关部门，要为特设岗位教师提供周转宿舍及其他必要生活条件。

五、教师招聘

10.教师招聘按下列程序统一实施：（1）公布需求。（2）自愿报名。（3）资格审查。（4）考试考核。（5）集中培训。（6）资格认定。（7）签订合同。（8）上岗任教。

11.招聘对象和条件。

国家"特岗计划"招聘对象和条件

（1）以高等师范院校和其他全日制普通高校应届本科毕业生为主，可招部分应届师范类专业专科毕业生（只能报考小学岗位和初中英语、音乐、体育、美术、信息技术学科）。

（2）取得相应教师资格（报考小学岗位须取得小学及以上教师资格；报考初中岗位须取得初中及以上教师资格。下同）的全日制普通高校往届师范类专业本科毕业生。

（3）取得相应教师资格且具有一定教育教学实践经验（有半年以上从事中小学教学经历）的全日制普通高校往届非师范类专业本科毕业生。

以上报考人员所学专业与报考学科必须一致（学前教育、幼儿教育专业不能报考），年龄均要求在30岁以下（1981年5月1日后出生）。报名者应同时符合教师资格条件要求和招聘岗位要求。

（4）对已取得2011年"硕师计划"研究生免推资格的36名贵州大学、贵州师范大学应届本科毕业生，按《省教育厅办公室关于做好2011年农村学校教育硕士师资培养计划工作的通知》（黔教办师〔2011〕76号）要求，提前招聘为特设岗位教师。

县"特岗计划"招聘对象和条件

（1）以高等师范院校和其他全日制普通高校应往届本科和师范类专业专科毕业生为主，可招少量取得相应教师资格的全日制普通高校应往届非师范类专业专科毕业生，年龄均要求在30岁以下（1981年5月1日后出生）。

（2）取得相应教师资格、年龄在30岁以下（1981年5月1日后出生）的全日制普通中等师范学校应往届师范类专业毕业生（只能报考小学岗位），是否列入招聘对象，由各市（州、地）自行确定。

以上报考人员所学专业与报考学科必须一致。

（3）取得相应教师资格（幼儿教师资格除外）、具有全日制普通中等师范学校师范类专业毕业及以上学历、年龄在40岁以下（1971年5月1日后出生）且连续代课2年以上目前仍在教学岗位的本县代课人员（对连续代课5年以上且目前仍在教学岗位的，条件可适当放宽）。凡符合代课人员报考条件者，原则上只能报考小学岗位；对少数具有专科及以上学历且目前仍在初中岗位代课的人员可报考初中岗位。

（4）报名者应同时符合教师资格条件要求和招聘岗位要求。国家"特岗计划"面向全国招聘；县级"特岗计划"招聘生源地范围由各市（州、地）自行确定。

在编教师（含2008、2009、2010年的特设岗位教师）不能报考。

六、保障政策

12.特设岗位教师除享受国家规定的优惠政策外，还享受省委、省政府《关于引导和鼓励高校毕业生面向基层就业的实施意见》（黔党办发〔2005〕21号）规定的有关优惠政策。

13.特设岗位教师3年连续考核合格且本人愿意继续在当地留任的，由各县负责落实教师工作岗位，将其工资发放纳入县级财政统发范围，保证其享受当地教师同等待遇。工龄和教龄自2011年9月1日起计算。对重新择业的，各县要为其重新选择工作岗位和办理户口迁移提供方便条件和必要的帮助。

14."硕师计划"研究生3年服务期等同于"特岗计划"3年聘期，其3年服务期的管理按《省教育厅 省财政厅 省人力资源和社会保障厅 省编委办关于印发〈贵州省农村义务教育阶段学校特设岗位教师管理办法（试行）〉的通知》（黔教师发〔2009〕342号）执行。服务期满、3年年度考核合格且本人愿意继续留在当地（本县）任教的，可按"特岗计划"政策办理接转手续，纳入当地中小学教师编制管理，并根据有关政策按公办教师带薪脱产一年到贵州师范大学攻读教育硕士学位，毕业后回原接收县工作；服务期满、3年年度考核合格且本人不愿意继续留在当地（本县）任教的（不办理"特岗计划"接转手续），在贵州师范大学攻读教育硕士学位期间，不能享受公办教师带薪学习的有关待遇，毕业后"特岗计划"实施县可不安排工作，由本人自主择业。

七、教师管理

15.特设岗位教师实行合同管理，由县级人事、教育行政部门与教师签订聘任合同，合同中应明确规定双方的权利和义务。

16.3年聘期内，县级教育行政部门负责对特设岗位教师的管理和考核。考核每年进行一次。

17.对成绩突出、表现优秀的特设岗位教师，要给予表彰；对不按合同要求履行义务的，要及时进行批评教育，督促改正；对不适合继续在教师岗位工作的，要根据合同协议予以解聘并相应取消其享受的相关待遇。

18.特设岗位教师的户口及档案须迁到工作所在县教育局。本方案由贵州省教育厅、省财政厅、省人力资源和社会保障厅、省机构编制委员会办公室负责解释。

关于贯彻实施《农村义务教育阶段学校教师特设岗位计划实施方案》的意见

兵教发〔2006〕44号

各师教育局、财务局、人事局、编办，222团：

根据《中共中央国务院关于推进社会主义新农村建设的若干意见》（中发〔2006〕1号）、《中共中央办公厅国务院办公厅印发〈关于引导和鼓励高校毕业生面向基层就业的意见〉的通知》（中办发〔2005〕18号）和《教育部财政部人事部中央编办关于实施农村义务教育阶段学校教师特设岗位计划的通知》（教师〔2006〕2号）精神，结合兵团实际，现就贯彻实施《农村义务教育阶段学校教师特设岗位计划实施方案》（以下简称"特岗计划"）提出如下意见。

一、充分认识实施"特岗计划"的重大意义和作用

实施"特岗计划"，是创新教师补充机制，吸引高学历人才从事团场义务教育的重要改革；是拓宽高校毕业生就业渠道，促进青年人才健康成长的有效途径；是巩固"两基"攻坚成果，完善团场义务教育保障机制的必然要求；是提高团场教育质量，促进屯垦戍边新型团场建设的有效措施。因此，各级有关部门要高度重视，加强领导，充分认识实施这一计划的重大意义和作用。

二、实施"特岗计划"的目标和任务

1.通过公开招聘高校毕业生到团场学校任教，引导和鼓励高校毕业生从事团场义务教育工作，创新团场学校教师的补充机制，逐步解决团场学校师资总量不足和结构不合理等问题，提高团场教师队伍的整体素质。

2.从2006年至2010年，用5年时间实施，2006年作为试点阶段，计划招聘特设岗位教师160名。以后每年兵团将根据中小学生数量变动情况另行确定招聘人数。特设岗位教师聘期一律为3年。

三、"特岗计划"的实施范围和资金安排

1.特设岗位计划的实施范围以"两基"攻坚团场为主，适当兼顾有特殊困难的边境团场，重点向少数民族居住人口较多的团场倾斜。

2."计划"所需资金由中央和兵团共同承担，以中央财政为主。

中央财政设立专项资金，用于特设岗位教师的工资性支出，并按人均每年1.5万元的标准核拨。特设岗位教师在聘任期内，执行国家统一的工资制度和标准；其他津贴、补贴由各师根据当地同等条件公办教师年收入水平和兵团补助水平综合确定。

兵、师财务负责统筹落实资金，用于解决特设岗位教师的地方性补贴、交通补助、体检费和按规定纳入当地社会保障体系，享受相应的社会保障待遇（兵团不安排商业保险）应缴纳的相关费用，以及特设岗位教师岗前集中培训和招聘的相关工作等费用。按照"分级管理，分级负担"

的预算管理原则，岗前集中培训和招聘的相关工作费用由兵团本级财务负责，地方性补贴、交通补助、体检费和应缴纳的社会保障费用由各师财务负责。

四、"特岗计划"的实施原则和步骤

1.事权不变，创新机制。"特岗计划"是中央对西部农村贫困和边远地区解决教师问题的特殊支持，不改变事权划分。纳入"特岗计划"的团场，必须是教师总体缺编、结构性矛盾突出、财力比较困难，但工作基础好、积极性高的团场，"特岗计划"实施期内各受援团场不得再以其他方式补充新教师。

2.兵团负责，师团实施。兵团教育局、财务局、人事局、编办根据《农村义务教育阶段学校教师特设岗位计划实施方案》，制订具体实施意见，并制订总体规划和年度计划，提出特设岗位教师总量指导性意见。各师要研究制订实施"特岗计划"的落实办法，并精心组织实施。各受援团场负责教师的日常管理和考核，要为特设岗位教师提供相应的周转住房和必要的生活条件。

3.相对集中，成组配置。各师在安排特设岗位教师时应结合本师实际需求，按照学科结构，科学搭配。一般1个团场安排3—4人。

4.侧重初中、兼顾小学。特设岗位教师原则上安排在团场学校。人口较少和少数民族居住人口较多的师可适当安排在师属学校。

5.先行试点，逐步扩大。"特岗计划"的实施采取先试点、后推开的办法。2006年兵团拟安排160个特设岗位教师。各师要选择部分教师紧缺、工作基础好的团场作为试点，并认真抓好试点工作。

五、明确职责，密切配合，共同做好特设岗位教师的招聘工作

1.为妥善实施好"特岗计划"，各有关部门要高度重视，明确责任，密切配合，共同努力。兵团教育局根据各师特设岗位需求数，将特设岗位落实到受援学校，并认真做好教师招聘、岗前培训、跟踪服务和评估等各项工作；兵团财务局要负责统筹协调特设岗位的经费保障，落实资金、规范管理；兵团编办要加强中小学编制工作的监督、检查；兵团人事局要会同有关部门，积极推进中小学人事制度改革，并按照兵团人事局《关于印发〈兵团事业单位公开招聘工作人员暂行办法〉的通知》（兵人发〔2005〕34号）规定和要求，会同教育部门共同做好教师公开招聘工作。

2.特设岗位教师实行公开招聘，签订聘用合同。合同应详细明确规定用人单位和应聘人员双方的权利和义务。

3.招聘工作应遵循"三公"（公开、公平、公正）和"三定"（定团场、定学校、定岗位）的原则，按下列程序进行：（1）公布需求。（2）自愿报名。（3）资格审查。（4）考试考核。（5）集中培训。（6）资格认定。（7）签订合同。（8）上岗任教。

4.为了吸引区内外高校毕业生报名，并加强信息沟通和工作宣传，兵团确定兵团教研网（www.xjbtedu.cn）为兵团特设岗位教师招聘网站。

5.特设岗位教师报名时间为6月5日至6月20日，资格审查、考试考核和统一体检时间为6月20日至6月30日，力争6月底以前完成招聘工作。

6.招聘对象和条件

（1）以高等师范院校和其他全日制普通高

校应届本科毕业生为主，可招少量应届师范类专业专科毕业生。

（2）取得教师资格，具有一定教育教学实践经验，年龄在30岁以下的全日制普通高校往届本科毕业生。

（3）参加过"大学生志愿服务西部计划"、有从教经历的志愿者和参加过半年以上实习支教的师范院校毕业生同等条件下优先。

（4）报名者应同时符合教师资格条件要求和招聘岗位要求。

六、加强领导，健全机构，为"特岗计划"的实施提供政策保障

1.为了加强项目领导机构和项目管理机制建设，明晰职责，相互支持，加强沟通，紧密合作，保障"特岗计划"的顺利实施，兵团成立义务教育阶段学校教师特设岗位计划实施领导小组及办公室。

组长：阿勒布斯拜·拉合木 兵团副司令员

副组长：袁鸿富 兵团副秘书长

刘国泰 兵团教育局副局长

梅新顺 兵团财务局副局长

单 玫 兵团党委组织部副部长 兵团人事局副局长

王速成 兵团编办副主任

成员：程蓉 兵团教育局师资管理处副处长

刘晓霖 兵团财务局行政事业处副处长

邢万忠 兵团人事局人才流动开发处副处长

李阳高 兵团编办事业机构编制处处长

办公室设在兵团教育局师资管理处

办公室主任：刘国泰（兼）

副主任：程蓉

2.特设岗位教师享受《中共中央办公厅国务院办公厅印发〈关于引导和鼓励高校毕业生面向基层就业的意见〉的通知》（中办发〔2005〕18号）和人事部等部门《关于组织开展高校毕业生到农村基层从事支教、支农、支医和扶贫工作的通知》（国人部发〔2006〕16号）规定的各项优惠政策。

3."特岗计划"的实施可与"农村学校教育硕士师资培养计划"相结合。符合相应条件要求的特设岗位教师，可按规定推荐免试攻读教育硕士。特设岗位教师3年聘期视同"农村学校教育硕士师资培训计划"要求的3年基层教学实践。

4.特设岗位教师在聘期内，由兵、师教育行政部门对其进行跟踪评估。对成绩突出，表现优秀的，给予表彰；对不按合同要求履行义务的，要及时进行批评教育，督促改正；对不适合继续在教师岗位工作的，应及时将其调整出教师队伍并取消其享受的相应政策优惠。

5.兵、师有关部门要研究制定政策措施，鼓励特设岗位教师在3年聘期结束后，继续扎根基层从事团场教育事业。对自愿留在学校的，要负责落实工作岗位，将其工资发放纳入中小学教师工资统发范围，保证其享受当地教师同等待遇。

实施"特岗计划"的师、团要进一步创新教师补充机制，今后师属学校、团场学校教师岗位空缺需补充人员时，应优先聘用特设岗位教师。对重新择业的，要为其重新选择工作岗位提供方便条件和必要的帮助。实施"特岗计划"，要与大力推进城镇教师支援团场教育、积极稳妥地处理好代课人员问题等工作有机结合起来。

6.兵团教育局要认真研究制定岗前集中培训方案。特设岗位教师招聘工作完成后，兵团要统一组织对拟聘人员进行教师岗前集中培训，兵团财务局要安排专项经费用于岗前培训。兵、师教

育行政部门要对其中未取得教师资格证书者免费进行教师资格认定，发放教师资格证书。

7.兵团教育局要尽快建立"特设岗位教师招聘管理信息系统"，并确定专人负责将拟招聘教师的姓名、性别、民族、出生日期、政治面貌、身份证号、家庭地址、毕业学校、所学专业、学历学位、个人简历、拟任职学校、拟任聘学科等信息录入该系统。

8.聘任期间，特设岗位教师户口和档案关系的管理，由各师根据本人情况确定。档案关系原则上统一转至工作学校所在地人事档案管理部门。

2006届高校毕业生毕业在即，请各师相关部门按照本意见的精神，制定具体实施办法，加大宣传力度，认真做好特设岗位教师职聘等各项工作，切实将工作做实、做细，力求开好局、起好步，确保按计划招聘的特设岗位教师于2006年秋季开学前准时到校任教。

当前，实施"特岗计划"时间紧，任务重，兵、师各有关部门必须高度重视，精心组织，认真落实，确保各项目标如期实现。请各师将实施过程中出现的新情况和新问题及时向兵团教育局、财务局等有关部门报告请示。

兵团教育局兵团财务局
兵团人事局兵团编办
二〇〇六年六月二日

《新疆生产建设兵团2010年团场义务教育阶段学校教师特设岗位计划招聘公告》

根据《教育部办公厅 财政部办公厅关于做好2010年农村义务教育阶段学校教师特设岗位计划实施工作的通知》（教师〔2010〕3号）、《兵团教育局、财务局、人事局、编办〈关于贯彻实施农村义务教育阶段学校教师特设岗位计划实施方案〉的意见》（兵教发〔2006〕44号）精神，新疆生产建设兵团（以下简称"兵团"）2010年继续实施农村义务教育阶段学校教师特设岗位计划（以下简称"特岗计划"），面向全国公开招聘教师到团场中小学任教。现将有关事项公告如下。

一、招聘岗位及数量

2010年，教育部下达兵团"特岗计划"教师800人，各设岗团场的岗位设置及数量统一在全国特岗教师招聘网上发布，网址是：http://tg.ncss.org.cn。

二、招聘原则

坚持德才兼备的用人标准和遵循"公开、公平、自愿、择优"和"定团场、定学校、定岗位"的原则。

三、招聘对象及基本条件

（一）招聘对象

1.以高等师范院校和其他全日制普通应届本科毕业生为主，招聘少量应届师范类专业专科毕业生。

2.取得教师资格，具有一定教育教学实践经验，年龄在30岁以下（1980年7月1日后出生）的全日制普通高校往届本科毕业生。

3.参加过"大学生志愿服务西部计划"、有从教经历的志愿者参加过半年以上实习支教的师范院校毕业生同等条件下优先。

4.报名者应符合教师资格条件要求和招聘岗位要求。

（二）基本条件

1.热爱社会主义祖国，拥护党的路线、方针和政策；热爱教育事业，志愿服务农村教育，有强烈的事业心和责任感；品行端正，遵纪守法，在校或工作（待业）期间表现好，未受过任何纪律处分。

2.身体健康，五官端正，无传染病和精神病史。

四、招聘程序、方法和时间

（一）报名方法

自治区、兵团应届高校毕业生、疆外应届高校毕业生和疆内外往届高校毕业生，符合招聘条件者实行网上报名。报名网址：全国特岗教师招聘网（http://tg.ncss.org.cn）。考生要对在网上所提交信息的真实性负责，凡发现提交信息不真实的，取消其考试或聘用资格。

报考人员只能选择一个团场学校的一个学科进行报名；不能用新、旧两个身份证同时报名，报名与考试使用的身份证必须一致。

已参加2010年高校毕业生双选会并与设岗师、团达成就业意向的毕业生必须在报名期限内在网上办理报名手续（未在网上办理报名手续的，视为自动放弃招聘）。

（二）报名时间

报名时间：2010年6月1日18时—6月20日18

时，以上时间均为北京时间（下同），每个考生只允许选报一所学校的一个岗位，不得多报，多报无效。

（三）资格复审

1.资格审查

查询审查结果时间：2010年7月1日—7月4日。

查询方式：网上查询。

根据网上公布的审查结果，招聘人员可在查询时间内查询是否通过资格审查。通过资格审查的应聘者从网上下载《兵团2010年团场特设岗位教师招聘登记表》。

2.现场资格确认

时间：2010年7月8日—7月13日。

地点：乌鲁木齐市二道湾路一巷22号兵团广播电视大学。

应聘者应提交以下资格确认材料：①下载并打印（填写）好《兵团2010年团场特设岗位教师招聘登记表》一式三份；②有效居民身份证及其复印件；③毕业证（2010届普通高校毕业生可出具学生证或学校证明）及其复印件；④本人同底一寸免冠照片4张；⑤有从教经历的应聘人员，应出具有关的证件、证明及其复印件。

资格确认合格者当场领取准考证。

（四）考试考核

考试分为笔试和面试。笔试和面试成绩均采用百分制。考试总成绩为笔试成绩的70%与面试成绩的30%之和。

1.笔试

笔试时间：2010年7月15日上午10：00—12：30，笔试均要求使用汉文答题。

笔试地点：乌鲁木齐市二道湾路一巷22号兵团广播电视大学。

以闭卷方式进行笔试，笔试内容为应聘者报

考工作岗位应具备的相关知识。7月17日公布笔试成绩，公示第一次预录名单。

2.面试

第一次已预录人员于2010年7月18日—7月22日参加面试。

面试地点：乌鲁木齐市二道湾路一巷22号兵团广播电视大学。

面试考察教师基本素养、语言表达能力和仪表举止。面试内容为说课（自备说课稿）。7月23日公示第二次预录名单。

（五）体检

第二次已预录人员需参加统一体检。体检时间为7月24日—7月25日。

参加体检人员携带准考证和身份证到指定医院进行体检。体检的项目和标准参照有关规定执行。

（六）调剂

7月26日，对于入围面试且面试成绩合格，未被报考岗位录取的考生，按照总成绩由高分到低分的原则进行调剂，在本人自愿的前提下，调剂到本地或异地相同（相近）学科、相同学段（也可由高学段到低学段，不可由低学段调整至高学段）、相同授课语种的空缺岗位。

（七）公示

按照规定的程序和标准，在笔试、资格审查、面试、体检全部合格的人员中确定拟聘用人员，于7月27日—7月29日在网站http：//tg.ncss.org.cn进行公示。

五、培训和聘用

拟录用人员参加由兵团统一组织的特设岗位教师岗前培训。笔试、资格审查、面试、体检及公示无异议的拟聘用人员名单于7月30日在http：//tg.ncss.org.cn公布录用名单。

培训时间：7月27日—8月8日。

培训合格者与用人单位签订聘用合同，由兵团教育局、人事局签发《特岗教师报到证》，并持该证在规定时间到用人单位报到。

新疆生产建设兵团教育局
二〇一〇年五月三十一日

中央"特岗计划"实施县市、单位名单(2010)

备注：括号内两数字分别是该省（单位）2010"特岗计划"实施县（单位）数量和招聘特岗教师数量。

河北省 （38，4295）

灵寿县，赞皇县，平山县，青龙满族自治县，大名县，广平县，魏县，临城县，巨鹿县，广宗县，阜平县，唐县，涞源县，顺平县，张北县，康保县，沽源县，尚义县，蔚县，阳原县，怀安县，万全县，涿鹿县，赤城县，平泉县，滦平县，隆化县，丰宁满族自治县，宽城满族自治县，围场满族蒙古族自治县，东光县，海兴县，盐山县，南皮县，献县，孟村回族自治县，武邑县，武强县

山西省 （39，2434）

娄烦县，阳高县，天镇县，广灵县，灵丘县，浑源县，平顺县，壶关县，沁县，右玉县，榆社县，左权县，和顺县，万荣县，平陆县，代县，繁峙县，宁武县，静乐县，神池县，五寨县，岢岚县，河曲县，保德县，偏关县，浮山县，吉县，大宁县，隰县，永和县，蒲县，汾西县，兴县，临县，石楼县，岚县，方山县，中阳县，交口县

内蒙古自治区 （36，1144）

土默特左旗，托克托县，和林格尔县，清水河县，武川县，土默特右旗，固阳县，达尔罕茂明安联合旗，巴林左旗，林西县，宁城县，敖汉旗，科尔沁左翼中旗，科尔沁左翼后旗，开鲁县，库伦旗，奈曼旗，扎鲁特旗，鄂托克前旗，鄂托克旗，乌审旗，阿荣旗，新巴尔虎左旗，额尔古纳市，集宁区，化德县，商都县，兴和县，凉城县，四子王旗，阿巴嘎旗，苏尼特左旗，苏尼特右旗，东乌珠穆沁旗，西乌珠穆沁旗，镶黄旗，多伦县

吉林省 （18，1169）

农安县，永吉县，伊通满族自治县，辉南县，八道江区抚松县，长白朝鲜族自治县，临江市，前郭尔罗斯蒙古族自治县，扶余县，镇赉县，通榆县，大安市，图们市，敦化市，龙井市，和龙市，汪清县

黑龙江省 （12，292）

泰来县，鸡东县，兴山区，饶河县，桦南县，汤原县，抚远县，东宁县，爱辉区，逊克县，孙吴县，兰西县

安徽省 （20，3438）

长丰县，枞阳县，潜山县，太湖县，宿松县，岳西县，临泉县，阜南县，颍上县，无为县，金安区，裕安区，寿县，霍邱县，舒城县，金寨县，霍山县，利辛县，石台县，泾县

江西省（20，2138）

莲花县，修水县，赣县，上犹县，安远县，宁都县，于都县，兴国县，会昌县，寻乌县，吉安县，遂川县，万安县，永新县，井冈山市，乐安县，广昌县，横峰县，余干县，鄱阳县

河南省（30，4993）

兰考县，栾川县，嵩县，汝阳县，宜阳县，洛宁县，鲁山县，滑县，封丘县，范县，台前县，卢氏县，南召县，淅川县，社旗县，桐柏县，民权县，睢县，虞城县，光山县，新县，商城县，固始县，淮滨县，沈丘县，淮阳县，上蔡县，平舆县，确山县，新蔡县

湖北省（75，3245）

青山区，蔡甸区，江夏区，黄陂区，新洲区，阳新县，大冶市，郧县，竹溪县，房县，丹江口市，夷陵区，远安县，兴山县，秭归县，长阳土家族自治县，五峰土家族自治县，宜都市，当阳市，枝江市，樊城区，襄阳区，南漳县，谷城县，保康县，老河口市，枣阳市，宜城市，梁子湖区，华容区，鄂城区，掇刀区，京山县，沙洋县，钟祥市，孝南区，孝昌县，大悟县，云梦县，应城市，安陆市，汉川市，公安县，监利县，江陵县，洪湖市，松滋市，市辖区，黄州区，团风县，红安县，罗田县，英山县，浠水县，蕲春县，麻城市，武穴市，嘉鱼县，通城县，崇阳县，通山县，赤壁市，广水市，恩施市，利川市，建始县，巴东县，宣恩县，咸丰县，来凤县，鹤峰县，仙桃市，潜江市，天门市，神农架林区

湖南省（47，2731）

茶陵县，炎陵县，衡山县，祁东县，耒阳市，新邵县，邵阳县，隆回县，绥宁县，新宁县，城步苗族自治县，平江县，澧县，津市市，慈利县，桑植县，南县，安化县，沅江市，永兴县，汝城县，桂东县，安仁县，祁阳县，江永县，宁远县，蓝山县，新田县，江华瑶族自治县，沅陵县，会同县，麻阳苗族自治县，新晃侗族自治县，芷江侗族自治县，靖州苗族侗族自治县，通道侗族自治县，双峰县，新化县，冷水江市，吉首市，泸溪县，凤凰县，花垣县，保靖县，古丈县，永顺县，龙山县

广西壮族自治区（46，5521）

江南区，良庆区，武鸣县，鹿寨县，融安县，融水苗族自治县，三江侗族自治县，七星区，全州县，荔浦县，藤县，蒙山县，岑溪市，海城区，合浦县，钦南区，钦北区，灵山县，浦北县，港北区，港南区，覃塘区，平南县，桂平市，容县，博白县，兴业县，北流市，福绵区，右江区，田东县，德保县，凌云县，田林县，昭平县，富川瑶族自治县，金城江区，天峨县，凤山县，罗城仫佬族自治县，环江毛南族自治县，都安瑶族自治县，扶绥县，宁明县，大新县，天等县

海南省（13，702）

儋州市，万宁市，东方市，定安县，屯昌县，澄迈县，临高县，白沙黎族自治县，昌江黎族自治县，乐东黎族自治县，陵水黎族自治县，保亭黎族苗族自治县，琼中黎族苗族自治县

重庆市 （10，1206）

万州区，黔江区，梁平县，丰都县，武隆县，开县，云阳县，巫山县，秀山土家族苗族自治县，彭水苗族土家族自治县

四川省 （25，1297）

江阳区，叙永县，古蔺县，三台县，金口河区，市辖区，顺庆区，高坪区，嘉陵区，南部县，仪陇县，长宁县，屏山县，万源市，汉源县，通江县，平昌县，九寨沟县，木里藏族自治县，普格县，布拖县，金阳县，昭觉县，越西县，甘洛县

云南省 （66，4235）

东川区，石林彝族自治县，禄劝彝族苗族自治县，寻甸回族彝族自治县，会泽县，峨山彝族自治县，新平彝族傣族自治县，市辖区，隆阳区，施甸县，腾冲县，龙陵县，昌宁县，昭阳区，巧家县，盐津县，永善县，绥江县，镇雄县，彝良县，威信县，宁蒗彝族自治县，普洱哈尼族彝族自治县，景东彝族自治县，景谷傣族彝族自治县，镇沅彝族哈尼族拉祜族自治县，孟连傣族拉祜族佤族自治县，凤庆县，云县，镇康县，双江拉祜族佤族布朗族傣族自治县，耿马傣族佤族自治县，沧源佤族自治县，双柏县，个旧市蒙自县，建水县，石屏县，弥勒县，泸西县，元阳县，红河县，金平苗族瑶族傣族自治县，绿春县，河口瑶族自治县，文山县，砚山县，西畴县，麻栗坡县，马关县，丘北县，广南县，富宁县，景洪市勐海县，勐腊县，大理市弥渡县，巍山彝族回族自治县，永平县，洱源县，瑞丽市，潞西市梁河县，盈江县，陇川县

陕西省 （2，39）

蒲城县，洋县

甘肃省 （39，2251）

会宁县，北道区，清水县，秦安县，甘谷县，武山县，庄浪县，静宁县，华池县，合水县，宁县，镇原县，通渭县，陇西县，渭源县，临洮县，漳县，岷县，成县，文县，康县，西和县，礼县，徽县，两当县，临夏县，康乐县，永靖县，广河县，和政县，东乡族自治县，积石山保安族东乡族撒拉族自治县，临潭县，卓尼县，舟曲县，迭部县，玛曲县，碌曲县，夏河县

青海省 （29，992）

市辖区，城东区，城中区，城西区，城北区，大通回族土族自治县，湟中县，湟源县，民和回族土族自治县，化隆回族自治县，同仁县，尖扎县，泽库县，共和县，贵德县，兴海县，班玛县，甘德县，达日县，玉树县，杂多县，称多县，治多县，囊谦县，曲麻莱县，格尔木市，德令哈市，大柴旦行委，冷湖行委

宁夏回族自治区 （22，1793）

兴庆区，西夏区，金凤区，永宁县，贺兰县，灵武市，市直属，大武口区，惠农区，平罗县，市辖区（原利通区），盐池县，同心县，红寺堡开发区，原州区，西吉县，隆德县，泾源县，彭阳县，沙坡头区，中宁县，海原县

新疆生产建设兵团 （14，793）

农一师，农二师，农三师，农四师，农五师，农六师，农七师，农八师，农九师，农十师，农十二师，农十三师，农十四师，兵团直属

贵州省（44，3531）

桐梓县，正安县，道真仡佬族苗族自治县，务川仡佬族苗族自治县，习水县，西秀区普定县，镇宁布依族苗族自治县，紫云苗族布依族自治县，江口县，石阡县，思南县，印江土家族苗族自治县，德江县，沿河土家族自治县，普安县，贞丰县，望谟县，册亨县，安龙县，大方县，黔西县，织金县，威宁彝族回族苗族自治县，赫章县，百里杜鹃区，黄平县，施秉县，三穗县，岑巩县，天柱县，锦屏县，剑河县，台江县，黎平县，榕江县，从江县，雷山县，麻江县，丹寨县，独山县，罗甸县，惠水县

中英文对照表

教育部——MOE, Ministry of Education

中央编办（中央机构编制委员会办公室）——SCOPSR (State Commission Office for Public Sector Reform)

财政部——MOF, Ministry of Finance

人社部（人力资源和社会保障部）——MOHRSS (Ministry of Human Resources and Social Security)

农村义务教育阶段学校教师特设岗位计划（简称"特岗计划"）——Special-post Plan

特岗教师——Special-post Teacher

编制——Staffing of Government Affiliated Institution

（编制通常是指组织机构的设置及其人员数量的定额和职务的分配，由财政拨款的编制数额由各级人事部门制定，财政部门据此拨款，通常分为行政编制和事业编制。事业编制是指为国家创造或改善生产条件、增进社会福利，满足人民文化、教育、卫生等需要，其经费一般由国家事业费开支的单位所使用的人员编制。学校等教育单位人员适用于事业编制。）

超编——over staffing

缺编——lack of staff

应届毕业生——Fresh Graduate

往届毕业生——Graduate of Previous Years

中等师范院校（简称中师）——Secondary Normal Institute

高等师范院校——Normal Universities and Colleges

公开招聘（公招）——Recruiting through Open Public Examination

留任率——Retention Rate

户口/户籍——Household Registration

人事档案——Personnel Archives

"两基"攻坚——"two basic education plans" (plans for universalization of nine-year compulsory education and elimination of illiteracy among young and middle-aged adults)

（"两基"指基本普及九年义务教育、基本扫除青壮年文盲。《国家西部地区"两基"攻坚计划（2004—2007年）》是指为贯彻《国务院关于进一步加强农村教育工作的决定》，进一步推进西部大开发，实现西部地区普及基本九年义务教育、基本扫除青壮年文盲攻坚目标而制订的工作计划。）

国家扶贫开发工作重点县——Key Counties for National Poverty Alleviation and Development Work

免试读研——entering graduate school without taking exams

教育硕士——EMD (Educational Masters Degree)

代偿机制——Compensatory Mechanism

代课教师——Substitute Teacher

公办教师——Public Teacher

"体制内"——within the governments and government affiliated institutions

事业单位招聘——Recruitment for Government Affiliated Institution (GAI)

公务员——Civil Servant

配套政策——Supplementary policy

生师比——the Ratio of Students to Teachers

设岗县——County with Special-post Teacher

设岗校——School with Special-post Teacher

主要参考资料

1. 《教育部师范司—联合国儿童基金会"农村义务教育阶段学校教师特设岗位计划"政策调研报告》，郑新蓉、范雷、周序、杜亮、苏尚锋等。

2. 《教育部师范司—联合国儿童基金会"特岗计划"项目湖南调研报告》，苏尚锋、赵刊。

3. 《教育部师范司—联合国儿童基金会"特岗计划"项目青海调研报告》，白克力、李泽林、马利文、黄晓晗。

4. 《教育部师范司—联合国儿童基金会"特岗计划"项目河北调研报告》，郑新蓉、杜屏、苏尚锋、王国明、姜金秋、罗丹。

5. 《教育部师范司—联合国儿童基金会"特岗计划"项目河南调研报告》，郑新蓉、苏尚锋、杜亮、王国明、罗悦、罗丹。

6. 《教育部师范司—联合国儿童基金会"特岗计划"项目贵州调研报告》，魏曼华、程猛、王长中。

7. 《教育部师范司—联合国儿童基金会"特岗计划"项目云南调研报告》，魏曼华、周萍、刘刚。

8. 《教育部师范司—联合国儿童基金会"特岗计划"项目新疆调研报告》，杜亮、罗丹。

9. 《教育部师范司—联合国儿童基金会"特岗计划"项目四川调研报告》，杜亮、程猛、王学男、罗悦。

10. 《教育部师范司—联合国儿童基金会"特岗计划"项目陕西调研报告》，杜亮、罗悦。

11. 《教育部师范司—联合国儿童基金会"特岗计划"项目山西调研报告》，郑新蓉、李征、阿呷热哈莫、陈泰和。

12. 《教育部师范司—联合国儿童基金会"特岗计划"项目广西调研报告》，易进、王学男。

13. 教育部"我的特岗故事征文"，20 885篇，魏曼华、王倩、王成龙等。

14. 《特岗教师的声音》，阿呷热哈莫、罗曼琪根据问卷开放题整理。

《中国特岗教师蓝皮书》试图展现特岗教师的工作和生活样貌，解读"特岗计划"的政策价值和效果，是由北京师范大学郑新蓉教授带领的研究团队共同完成的。本书以中国—联合国儿童基金会"特岗计划"政策研究项目组2011年对中西部11个省份的实地调研所得数据和教育部相关政策文本为主要依据，分析了特岗教师的招聘、管理模式、群体构成以及工作生活现状。本书另外一个重要资料来源是一线特岗教师自己书写的工作、生活故事。课题组配合2012年教育部组织的"我的特岗故事"征文活动，对收集到的两万多篇征文进行阅读、分类、分析、提取，本书结合数据分析，从不同角度描绘了特岗教师的工作、生活场景，呈现了教育部门、基层学校、一线特岗教师、学生等相关群体的声音和利益诉求。

全书共八章，各章参与编写的作者是：

第一章 什么是"特岗计划"和特岗教师 郑新蓉、王学男、阿呷热哈莫、王国明；

第二章 谁做特岗教师 王国明、王学男；

第三章 新机制：特岗教师的招聘方式 郑新蓉、程猛；

第四章 特岗教师的工作与生活 王国明、罗悦、罗曼琪；

第五章 谁是"特岗计划"的受益者 杜亮、周序；

第六章 特岗教师的深度关注 魏曼华、杜屏、王国明、董永贵、王学男；

第七章 挑战、建议及前景 苏尚锋、郑新蓉；

附 录 王学男、易进、王国明、罗悦。

该书的框架结构由郑新蓉、杜亮、魏曼华、易进等课题组成员反复讨论、共同协商确定。

全书由郑新蓉、王国明、杜亮负责统稿，王学男提供和核实数据信息。

感谢教育部教师工作司许涛司长和殷长春、葛振江副司长，综合处董萍处长、邬跃副处长，教师管理处黄伟处长和周年年先生，师德处宋磊处长，培训处郭春鸣处长和王薇女士，本书的数据收集和报告撰写始终得益于教师工作司的大力支持以及悉心的业务指导。

感谢联合国儿童基金会驻华办事处，在与教育部新的项目周期的合作中，他们敏感地意识到，"特岗计划"对解决中国农村师资、农村儿童发展以及社会公平都有着非凡的意义。驻华代表麦吉莲（Gillian Mellsop）女士对该项目一直予以高度关注并专门为本书作序；教育处处长孟宁（Lata Menon）女士、教育项目官员郭晓平和杜媛女士对"特岗计划"的调研和本书的撰写提供了系统的支持及宝贵的建议，在此，对她们卓越的眼界和专业的指导表示最真挚的感谢。

感谢支持"特岗计划"实地调研数据和问卷调查的省、地、县各级部门和相关负责人。2011年的调研得到了河南、河北、四川、云南、新疆、贵州、广西、湖南、陕西、山西、甘肃、青海12个省（区）教育厅、财政厅、人社厅和编办，以及相关县（市）教育局、财政、人社、编办、统计、计生、人口等相关部门的大力支持与协助。

感谢北京师范大学刘川生书记、董奇校长以及教育学部的石中英部长，他们高度重视特岗教师这一新型的农村教师群体，并为调研和本书的撰写提供了宝贵的意见和鼎力支持。

感谢为特岗政策评估调研研发工具、组织调研实施和数据统计分析的各位学者专家，特别是中国社科院社会学所的范雷，清华大学扶贫办的梁营章，北京师范大学的魏曼华、杜亮、张莉莉、杜屏等老师以及周序、阿呷热哈莫、王学男、程猛等研究生。

感谢清华大学扶贫办负责人黄丽以及她的团队对问卷的设计和实施提出的宝贵建议，并通过清华大学扶贫站点实施了大部分问卷的发放及回收工作。

感谢北京师范大学易进、杜屏、马利文老师，西北师范大学的白克利、李泽林老师，云南昆明学院的周萍教授，新疆昌吉学院的刘刚老师，贵州省教师教育学校王长中老师以及北京师范大学教育学部王国明、陈泰和、阿呷热哈莫、王学男、姜金秋、程猛、罗丹、罗悦、赵刊、黄晓晗、李征、王倩、王成龙等博士和硕士生，他们分别参与了2011年"特岗计划"政策的评估调研、11省（区）的"特岗计划"调研报告的撰写以及特岗教师征文的整理、分类和初步研究，这些报告和征文都是该书最珍贵的素材。

感谢北京大学教育财政研究所的王蓉教授和她的团队，北京教育科学研究院教师教育中心鱼霞主任，北京师范大学教育经济研究所的杜育红教授、教师教育研究所的胡艳教授，中国教育科学研究院科研处杨润勇研究员，教育部政策研究中心安雪慧等从不同视角和学科背景对"特岗计划"研究提供的真知灼见。

最要感谢的是所有对本书提供鲜活素材的天南地北的特岗教师们，感谢你们的文字、图片和口述资料，感谢你们对中国农村教育事业的默默付出与无私奉献。

最后，感谢教育科学出版社总编辑李东先生对该书的首肯和支持。教师教育编辑室主任刘灿对该书的内容编排、体例设计、排版印刷等方面的设计安排都展示了该出版社的专业出版精神和最真挚的教育情怀。

还有许多对本书的筹备、策划、编写及出版给予帮助、支持和关注的学者、老师和学生们，无法一一提名，在此一并表示最诚挚的谢意。

　　"特岗计划"涉及面很广，是一项从中央到地方四部门联动、多方受益、创新性很强的教育政策，是一个值得全社会和教育界密切关注的"社会事实"。所有的"特岗计划"政策调研的参与者和支持者都希望尽快把中国"特岗计划"系统地呈现给各方读者。为此，本书的写成是急促和兴奋的，在表达的形式、文字的推敲以及观点的陈述上还会有不少瑕疵和值得推敲的地方；但是，本书力求所呈现的数据、事实和分析是理性的、实事求是的。本书经过十几次反复修改和讨论，希望本书的出版将会提供一个与社会各界关心特岗教师、关心中国农村教育的人士交流的机会。

《中国特岗教师蓝皮书》编写组

2012年8月

出版人　所广一
策划编辑　刘　灿
责任编辑　池春燕
版式设计　亿点印象　郝晓红
责任校对　贾静芳
责任印制　曲凤玲

图书在版编目（CIP）数据

中国特岗教师蓝皮书/郑新蓉等著．—北京：教
育科学出版社，2012.9
ISBN 978-7-5041-6930-3

Ⅰ．①中…　Ⅱ．①郑…　Ⅲ．①中小学－教师－工作－
研究报告－中国　Ⅳ．①G635.1

中国版本图书馆CIP数据核字(2012)第183649号

中国特岗教师蓝皮书
ZHONGGUO TEGANG JIAOSHI LANPISHU

出版发行	教育科学出版社			
社　　址	北京·朝阳区安慧北里安园甲9号	市场部电话	010-64989009
邮　　编	100101	编辑部电话	010-64989441
传　　真	010-64891796	网　　址	http://www.esph.com.cn
经　　销	各地新华书店			
制　　作	亿点印象			
印　　刷	保定市中画美凯印刷有限公司	版　　次	2012年9月第1版
开　　本	212毫米×275毫米　16开	印　　次	2012年9月第1次印刷
印　　张	11.5	印　　数	1—2900册
字　　数	200千	定　　价	42.00元

如有印装质量问题，请到所购图书销售部门联系调换。